U0138917

幼兒教育品質及其政策分析

孫良誠　著

五南圖書出版公司 印行

自 序

　　我國不同教育階段在社會快速變遷、多元開放、價值觀轉變、貧富差距加大的環境中,面臨許多問題與挑戰。「品質」長期以來是不同機構與組織關注的議題,提升教育品質則是國際間教育發展的重要潮流,也是我國教育政策實施的主軸。幼兒教育是其他教育階段的基礎,且兒童時期的重要性已被許多研究證實,UNESCO就曾呼籲各國應重視幼兒時期教育及保育的重要性,並應提供學齡前幼兒更多的關注與照顧。OECD也指出幼兒教育及照顧品質,是影響個人和社會國家未來效益的重要關鍵。

　　教育品質是人人都可談卻不容易說清楚的概念,且品質的概念並非亙古不變,會受到時代潮流、國際趨勢、國家政策及社會大眾對教育期待等因素的影響,但品質卻是教育的心臟。因此,瞭解教育品質的內涵就成為提升教育品質的首要工作。本書說明重要國家、組織與對幼兒教育品質的看法,並歸納出幼兒教育與照顧品質的內涵,包括教學與照顧、學習環境與空間、教保人員專業知能、家庭與社區關係、領導管理等五個層面,可作為教保服務人員提升專業素養與教保服務品質的行動準則。

　　我國教育部於民國94年成立幼兒教育科,隨即規劃並陸續推動許多幼兒教育政策,包括扶幼計畫、幼兒園輔導計畫、幼托整合、免學費計畫、優質教保發展計畫等,提升幼兒教育品質則是這些計畫共同關注的焦點。幼托整合終結學前教育分流情形,不僅改變學前教育生態,也讓幼兒教育公平向前邁進一大步。扶幼計畫初期以偏鄉地區5歲幼兒為服務對象後,逐漸擴大至全國5歲幼兒;免學費計畫以全國5歲幼兒免學費的學前教育,並逐步實踐義務教育的精神;幼兒園輔導計畫採用臨床輔導模式,以提升幼兒園教保品質並發展特色,這些政策都協助幼兒園提供幼兒優質的教育與照顧服務。

　　筆者近年關注幼教生態的轉變，並有幸參與「扶幼計畫」及「免學費計畫」專案研究，以實際行動見證幼兒教育品質的改善歷程，故藉由此書來評估幼兒教育政策達成教育品質的情形。本書分為兩篇，第一篇主要探討教育品質的意涵，其中第1章說明我國社會發展對幼兒教育的影響，以及教育品質的發展趨勢；第2章論述品質理論及幼兒教育品質的內涵；第3章說明我國推動幼兒教育品質的相關政策。第二篇以三個幼兒教育政策說明幼兒教育品質實踐情形，第4章以新竹市幼托整合實驗幼兒園為對象，分析整合後實驗幼兒園的綜效表現；第5章說明國幼班教保服務人員教學專業能力指標系統的發展脈絡，並分析教學專業能力指標應用的結果；第6章分析5歲幼兒免學費教育計畫的執行成效。本書架構及內容不僅可讓讀者瞭解當前幼兒教育品質發展的國際趨勢，亦分析我國推動的幼兒教育政策對提升教育品質的影響。

　　本書能撰寫完成特別感謝楊金寶教授不時鼓勵與督促寫作進度，以及共同研究期間提供多元思維，豐富了成果報告的內容；感謝教育部國民及學前教育署提供研究經費並同意使用研究資料；感謝余作輝教授與新竹市教育處蔣偉民處長提供第四章資料，供本文進行後續成效分析；感謝張孝筠教授提供我參與國幼班輔導計畫的機會，讓我在此過程中有許多成長。江麗莉教授、周淑惠教授、盧美貴教授在寫作過程中給予的支持與勉勵，以及許多關心我的朋友，在此一併致謝。最後感謝父母親對我的無限關愛，以及妻子美鈴默默付出為我經營一個溫馨的家庭，這些都是我寫作動力的來源。

目 錄 **Contents**

自序

第一篇　理念篇..1

CHAPTER 1　幼兒教育品質導論　　　　　　　　3

　壹、社會發展對幼兒教育的影響.................5

　貳、教育品質的發展趨勢.........................13

CHAPTER 2　品質理論與幼兒教育品質內涵　　21

　壹、品質理論...22

　貳、幼兒教育品質之內涵..........................29

CHAPTER 3　我國推動幼兒教育品質之重要政策　45

　壹、扶持5歲幼兒教育計畫........................47

　貳、5歲幼兒免學費教育計畫.....................51

　參、幼托整合政策...................................55

　肆、幼兒園輔導計畫................................61

　伍、優質教保發展計畫.............................67

第二篇 政策分析篇 71

CHAPTER 4 新竹市幼托整合實驗幼兒園綜效評估
——灰關聯分析法之應用   73

壹、緒論 74
貳、幼兒教育與照顧品質的評估層面與評估標準 76
參、研究方法 89
肆、研究結果與討論 93
伍、結論與建議 102

CHAPTER 5 國幼班教保服務人員教學專業能力指標
發展與應用   105

壹、緒論 106
貳、國幼班巡迴輔導模式與機制的運作 108
參、教保服務人員教學專業能力指標與輔導系統發展歷程........ 113
肆、教保服務人員教學專業能力指標應用結果分析................. 120
伍、結論與建議 135

壹、前言 142

貳、文獻探討 144

參、研究方法 156

肆、免學費計畫政策評估結果 157

伍、結論與建議 169

參考文獻　173

中文文獻 173

西文文獻 188

表　次

表1-1　歷年我國新生兒的出生人數.................................6

表1-2　我國近10年不同性別及不同年齡族群勞動力百分比.......7

表1-3　我國近10年祖孫家庭組織型態之家戶數...................9

表1-4　我國近10年單親家庭組織型態之家戶數..................10

表1-5　我國近10年不同性別離婚率及各年齡層離婚率
　　　（單位千分之一）...11

表1-6　我國近十年原屬國籍別結婚登記表.......................12

表3-1　兩階段扶幼計畫目標比較表..............................49

表3-2　兩階段扶幼計畫工作項目比較...........................50

表3-3　《幼兒教育及照顧法》相關子法一覽表..................60

表4-1　不同國家或組織幼兒教保品質之看法....................78

表4-2　實驗園基本資料...85

表4-3　幼兒教育及照顧品質與實驗園成效評鑑項目對應表.....87

表4-4　實驗園成效評估項目與各項目評估結果..................91

表4-5　實驗園之各比較序列與參考序列的差距值...............95

表4-6　實驗園之灰關聯係數值...................................96

表4-7　實驗園之灰關聯度及灰關聯序...........................97

表4-8　成效評估項目平均值和與灰關聯度順序比較.............97

表4-9　實驗園與幼兒教育及照顧品質各項目分析...............99

表5-1　國民教育幼兒班教保服務人員教學專業能力指標架構..115

表5-2　巡輔員對教保服務人員教學專業能力之建議及改善情形
　　　...123

表5-3　教學專業能力層面與向度建議數及改善情形.............130

表6-1　各學年度「免學費計畫」各評估指標之評估基準..........156

表6-2　不同背景之5足歲幼兒入園率.......................................159

表6-3　幼兒就學機會及環境成效值...161

表6-4　5歲幼兒所受教保品質成效值.......................................162

表6-5　歷年家長對於「免學費計畫」能減輕負擔之百分比......165

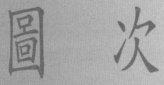

圖　次

圖2-1　理解教育品質的架構..31

圖2-2　NAEYC幼兒教保品質標準的層面.....................................32

圖2-3　QRIS系統連結圖..40

圖5-1　國民教育幼兒班巡迴輔導歷程..112

圖5-2　每月資料蒐集與分析流程..117

圖5-3　網路平臺建置後資料蒐集與分析流程.................................120

第一篇

理念篇

幼兒教育品質導論

CHAPTER 1

　　中國俗諺：「3歲看老，從小看大」，意旨小時候的發展可決定長大以後的表現。0歲至6歲是幼兒發展的關鍵時期，幼兒生命本質中蘊涵豐富的發展潛能與想像創造能力（教育部，2013a），且此時期具有獨特性也是個體終身發展的基礎。因此，提供幼兒高品質的教育對其身體動作、語文、認知、社會情緒以及道德品格的發展有正向價值。經濟合作暨發展組織（Organization for Economic Co-operation and Development, OECD）（2006）以及聯合國教科文組織（United Nations Educational, Scientific and Cultural Organization, UNESCO）（2009）呼籲各國應重視幼兒時期教育及保育的重要性，並應提供學齡前幼兒更多的關注與照顧，因為改善幼兒早期教育與照顧是提升教育品質的首要目標（UNESCO, 2005），而保障幼兒接受平等教育的權利並促進教育公平，是當今世界學前教育發展所共同追求的價值（龐麗娟、夏婧、張霞，2010）。

　　近年國內社會急遽變遷，面臨多元開放、價值觀轉變、貧富差距加大等各式各樣的挑戰，教育改革以及教育政策的擬定需要跟上社會多元發展的步調，才能發揮教育社會的功能，我國目前教育政策重點是積極追求教育品質的提升（教育部，2011a）。就個人而言，提供幼兒健康、安全且豐富的學習情境以及完善的照顧，並以實際操作或參與體會的教學方式，引導幼兒觀察環境中的人、事、物，培養其與他人溝通合作、尊重關懷、解決問題的能力，有助於使幼兒適應未來社會。就社會國家而言，對幼兒早期的投資可以累積國家未來的人力資本，因為高質量的幼兒教育對提高國家競爭力具有重要的作用（行政院經濟建設委員會，2008）。因此，教育政策推動過程應摒除行政威權的思維，廣納各方意見，讓教育改革能充分發揮每一個人的潛能，以追求幸福生活的教育本質（吳清山、林天祐，2008）。以下就社會發展以及教育品質發展對幼兒教育的影響，說明如下。

☺ 壹、社會發展對幼兒教育的影響

一、少子女化對學前教育的發展憂喜參半

　　我國因少子女化的發展趨勢，以及社會大眾提高對學前教育的關注程度，使學前教育發展有了轉變契機，例如政府對於幼兒教育的投資或學費補助，不致因金額龐大而無法推動，且少子女化有助於降低班級人數，讓幼兒園的教保服務人員有更多的時間與精力照顧每一位孩子，對於提升教育品質有很大的幫助。楊朝祥（2014）指出少子女化現象使學生人數減少，卻也是提升優質教育的最佳契機。2000年以後，我國新生兒出生人數呈現急遽下滑的情形。以龍年為例，2000年新生兒出生人數為305,312人，2012年新生兒人數降為229,481人，短少75,831人（如表1-1）。首當其衝受到影響的產業包括嬰幼兒用品與食品業、醫療體系的婦產科醫生與兒科醫生，以及文教產業等。以幼兒園為例，幼生來源減少使得幼兒園經營變得困難，公立國小附設幼兒園可能遭遇裁撤或併校。如程晏鈴（2015）指出，全臺灣共有275所國小在未來可能因為人數不足面臨廢校或被裁併；私立幼兒園則可能面臨歇業關門的危機，進而導致教師人力過剩或流浪教師增加的情形。陳啓榮（2006）認為，裁併學校會導致地方與社區的凋零、閒置校區成為治安死角以及造成教職員士氣降低等問題。

　　另外，幼兒園為了降低人事成本採取混齡編班方式進行教學的比例增加，造成同一個班級中幼兒年齡或能力異質化的現象擴大，相對提升教保服務人員執行幼兒教學與保育的困難度，也增加他們的工作負擔與壓力。可見，少子女化對幼兒園未來的發展憂喜參半，因此思考如何將危機化為轉機，建立有特色、有品質的服務是經營幼兒園必要且重要的課題。

表1-1　歷年我國新生兒的出生人數

年度	新生兒的出生人數	增減人數
2000	305,312	--
2001	260,354	−44,958
2002	247,530	−12,824
2003	227,070	−20,460
2004	216,419	−10,651
2005	205,854	−10,565
2006	204,459	−1,395
2007	204,414	−45
2008	198,733	−5,681
2009	191,310	−7,423
2010	166,886	−24,424
2011	196,627	29,741
2012	229,481	32,854
2013	199,113	−30,368
2014	210,383	11,270

資料來源：內政部統計處（2015）。內政統計月報：1-2現住人口出生、死亡、結婚、離婚登記。

二、雙薪家庭比例增加，使幼兒托育需求增加

　　社會價值觀轉變、女性教育程度提升，以及家庭生育子女數量減少之故，使得女性有較多機會參與就業市場。依據勞動部（2015）統計資料顯示：近10年我國女性進入勞動市場比率有逐年增高的趨勢，2012年女性平均勞動率已突破50%，較2005年增加2.07%。另外，全國25歲至44歲人口參與就業市場的平均比率超過80%，也呈現

逐年增加的情形（如表1-2）。2005年婦女生育第一胎的年齡為27.7
歲，至2013年婦女生育第一胎的年齡延後為30.5歲；30歲以上生育第
一胎者占46.7%，相較2003年之37.5%，高出9.2%（內政部統計處，
2014）。由此顯示，25歲至44歲族群的父母親，大多育有學齡前幼
兒以及學齡兒童，加上雙親投入就業市場的比率高達八成以上，使幼
兒的托育需求也隨著父母親就業比率的增加而提高。

表1-2　我國近10年不同性別及不同年齡族群勞動力百分比

性別—年齡 年度	性別		年齡				總勞動率
	男	女	15-24歲	25-44歲	45-64歲	65歲以上	
2005	67.62	48.12	32.61	81.87	60.24	7.27	57.78
2006	67.35	48.68	31.48	82.98	60.01	7.58	57.92
2007	67.24	49.44	31.1	83.41	60.55	8.13	58.25
2008	67.09	49.67	30.17	83.81	60.83	8.1	58.28
2009	66.40	49.62	28.62	84.19	60.25	8.05	57.90
2010	66.51	49.89	28.78	84.72	60.31	8.09	58.07
2011	66.67	49.97	28.56	85.56	60.36	7.93	58.17
2012	66.83	50.19	29.08	86.33	60.48	8.1	58.35
2013	66.74	50.46	29.58	86.64	60.73	8.34	58.43
2014	66.78	50.64	29.36	86.85	61.65	8.68	58.54

資料來源：勞動部（2015）。人力資源狀況——勞動力參與率。

三、社會貧富差距擴大，經濟弱勢幼兒比率偏高

　　古有明訓：「不患寡而患不均，不患貧而患不安。」我國貧富差
距有持續擴大的跡象，使得富者愈富、貧者愈貧的情況日趨明顯。

張翔一、吳挺鋒與熊毅晰（2014）指出，前1%的富人擁有全臺14%的所得；前5%的富人，拿走全臺收入的30%。貧窮對幼兒帶來的影響，包括無法獲得日常生活基本需求的滿足，如寒、暑假期間，因學校未提供營養午餐，導致部分經濟弱勢學童無中餐可吃。又如超過半數的窮小孩在家沒有書桌，富小孩家裡都有書桌，家裡有兩臺電腦，醫療照顧缺乏保障，近四成的貧窮孩子生病沒錢看醫生，另受教育的權利也可能因家庭經濟不佳而被剝奪（田瑞華，2007）。調查結果發現臺灣兒童人權，如生存權、教育權等面向，也呈現M型化的發展。

依據「5歲幼兒免學費教育計畫」對弱勢人數的估算，低收入戶、中低收入戶、家戶年所得在新臺幣30萬元以下者，以人口數之32%計算；家戶年所得為30萬元至50萬元以下者占10.86%；家戶年所得為50萬元至70萬元以下者占13.28%（教育部、內政部，2011），可見有超過一半比例（56.14%）的家庭可以請領「5歲幼兒免學費教育計畫」的加額補助，弱勢家庭比例有明顯偏高的現象。貧窮家庭為了解決生活問題需不斷工作，繼而導致隔代教養問題。陳麗欣、翁福元、許維素、林志忠（2000a，2000b）指出，造成國中學生隔代教養的主要原因中，有30.6%因為父母工作所致。涂信忠（2002）指出，近年父母親因工作關係無法照顧小孩，而將孩子交由祖父母照顧有增加的情形。由表1-3顯示，歷年祖孫家庭的平均比例約為1.2%。

單親家庭亦是經濟弱勢的主要族群之一，《商業周刊》2004年針對臺灣地區小學進行「隔代兒與單親兒趨勢問卷調查」，結果發現就讀小學的兒童中，隔代教養兒童加單親兒童比率高達11.07%（黃惠娟、楊少強，2004）。由臺灣地區家庭收支調查報告的資料顯示：單親家庭比例有向上攀升的趨勢，2007年單親家戶數百分比突

表1-3　我國近10年祖孫家庭組織型態之家戶數

年度 \ 祖孫家庭	總家戶數	祖孫家戶數	祖孫家戶數百分比
2005	7,206,883	92,979	1.29
2006	7,307,999	80,518	1.10
2007	7,414,281	98,159	1.32
2008	7,544,629	86,902	1.15
2009	7,688,014	81,986	1.07
2010	7,840,923	88,965	1.13
2011	7,959,828	97,717	1.23
2012	8,077,323	103,655	1.28
2013	8,191,640	103,638	1.27
2014	8,290,000	91,508	1.10

資料來源：行政院主計總處（2014）。家庭收支調查統計表調查報告：肆、
　　　　　家庭收支調查統計表之第五表平均每戶家庭收支按家庭組織型態
　　　　　別分。

破9%，其後數年單親家戶數的百分比均維持在9%以上，2010年單親
家戶數百分比達到最高（9.82%），如表1-4。再從表1-5的數據分析
我國近10年離婚率，發現愈年輕的夫妻離婚率愈高，24歲以下男性
與女性的離婚率有增加的趨勢；25歲以後的離婚率則趨於平穩，資
料也顯示34歲以下平均離婚率超過20‰，35歲至44歲平均離婚率約
16‰，此時期夫妻養育的子女大多為學齡前幼兒或國小兒童，顯示
有一定比例的學齡前幼兒生長在單親家庭中。

表1-4　我國近10年單親家庭組織型態之家戶數

年度 / 單親家庭	總家戶數	單親家戶數	單親家戶數百分比
2005	7,206,883	619,837	8.60
2006	7,307,999	630,555	8.63
2007	7,414,281	702,348	9.47
2008	7,544,629	723,694	9.59
2009	7,688,014	751,916	9.78
2010	7,840,923	769,765	9.82
2011	7,959,828	741,091	9.31
2012	8,077,323	788,576	9.76
2013	8,191,640	782,617	9.55
2014	8,290,000	801,614	9.67

資料來源：行政院主計總處（2014）。家庭收支調查統計表調查報告：肆、
　　　　　家庭收支調查統計表之第五表平均每戶家庭收支按家庭組織型態別
　　　　　分。

四、社會多元發展，教保服務人員欠缺多元信念與知能

　　我國政府於90年代開放大陸探親，解除外資管制以推動南向經濟政策，使得低經濟發展或邊陲國家的女性進入我國，並與我國男性結婚登記組成「新住民家庭」（林萬益，2002；夏曉鵑，1997）。因不同國家的社會文化和生活習慣不同，加上語言隔閡，使得外籍配偶需要面對我國風俗民情與文化習性上的差異，其子女也要面對自己的家庭文化與社區文化差異所帶來的衝突。內政部戶政司（2015b）資料顯示：我國近10年國籍別結婚登記情形，男性與大陸地區及東南亞地區女性結婚的比例最多，2005年男性娶大陸女性的比例為

表1-5　我國近10年不同性別離婚率及各年齡層離婚率（單位千分之一）

年度	性別	20歲以下	20-24歲	25-29歲	30-34歲	35-39歲	40-44歲	45-49歲	50-54歲	55-59歲	60-64歲	65歲以上
2005	男	54	65	34	24	19	15	11	8	5	3	2
	女	110	82	36	23	16	12	8	5	3	1	1
2006	男	49	67	35	25	20	16	12	8	6	3	2
	女	93	83	38	24	17	13	9	5	3	1	0
2007	男	57	65	35	23	19	15	11	8	5	3	2
	女	92	81	37	22	16	11	8	5	3	1	0
2008	男	67	59	32	22	18	15	11	8	5	3	2
	女	88	77	37	22	16	11	8	5	3	1	0
2009	男	79	69	34	22	19	16	11	8	5	4	2
	女	98	84	39	22	16	12	8	5	3	2	0
2010	男	94	77	35	23	20	16	12	8	6	4	2
	女	108	85	41	23	17	13	9	5	3	2	1
2011	男	75	79	35	23	19	16	12	8	6	4	2
	女	102	85	41	24	17	13	9	5	3	2	1
2012	男	51	75	32	22	19	16	12	9	6	4	2
	女	90	78	39	24	17	13	8	6	4	2	1
2013	男	63	83	34	22	19	15	12	8	5	4	2
	女	105	82	38	24	17	13	8	5	4	2	1
2014	男	80	85	34	22	19	16	12	8	5	3	2
	女	104	85	37	24	17	13	8	5	3	2	1

資料來源：內政部戶政司（2015a）。歷年全國人口統計資料：C結婚及離婚—13有偶人口離婚率按年齡。

9.69%；娶東南亞地區女性為7.2%，合計16.89%；其次為2007年娶大陸女性為10.45%，娶東南亞地區女性為5.17%，合計15.62%；再其次為2009年娶大陸女性為10.54%，娶東南亞地區女性為4.38%，合計14.92%；2013年娶大陸女性及東南亞地區女性的比例合計為9.61%；2014年合計為9.54%，呈現逐年下降的趨勢，如表1-6。

表1-6　我國近10年原屬國籍別結婚登記表

地區 年度	本國人		大陸地區		港澳		東南亞		其他地區	
	新郎	新娘	新郎	新娘	新郎	新娘	新郎	新娘	新郎	新娘
2005	138,947	117,486	281	13,767	167	196	727	10,227	1,960	406
2006	139,625	122,365	323	13,604	191	267	537	6,111	2,123	452
2007	128,666	110,563	392	13,775	191	228	448	6,817	2,154	468
2008	144,921	130,429	383	11,887	243	262	473	5,315	2,405	532
2009	112,729	98,331	467	12,270	223	249	482	5,101	2,491	441
2010	130,014	116,308	588	12,065	252	268	554	4,666	2,414	515
2011	161,133	147,886	714	12,117	332	366	551	4,336	2,575	600
2012	138,558	127,019	755	10,896	338	319	649	4,069	2,546	543
2013	143,284	132,331	735	9,902	348	393	616	4,282	2,544	619
2014	144,957	134,123	740	9,204	462	498	735	5,065	2,619	623

資料來源：內政部戶政司（2015b）。歷年全國人口統計資料：C結婚及離婚—03結婚人數按原屬國籍。

　　因族群自覺與主體性彰顯之故，目前我國政府認定的原住民族包括阿美族、泰雅族、排灣族、布農族、卑南族、魯凱族、鄒族、賽夏族、雅美族、邵族、噶瑪蘭族、太魯閣族、撒奇萊雅族、賽德克族、拉阿魯哇族、卡那卡那富族等16族，約有53萬人，占總人口數2%，各族群擁有自己的文化、語言、風俗習慣和社會結構（原住民族委員

會，2014）。此也是我國多元文化發展另一個重要的社會脈絡。

　　不同族群擁有不同風俗習慣，幼兒帶著自己的族群與家庭文化進入學校，教育系統是否能讓不同族群的幼兒享有公平的學習機會？教保服務人員是否能幫助個體認識自己文化的特質，進而認同自己的文化，同時也尊敬不同文化呢？王順民（2011）指出，各項公共政策之推動，應尊重不同種族、婚姻關係、家庭規模、家庭結構所構成的家庭型態及價值觀念差異，並應支持家庭發揮應有的功能。

　　《幼兒園教保活動課程暫行大綱》的實施通則指出：教保服務人員需理解自身對不同文化的認識（特別是與自身文化不同的其他文化），包括個人平時教學所使用的語彙、所傳達的意義（如性別刻板印象），更需避免在潛移默化的過程中，形成幼兒對不同文化的偏見（如個別差異、族群、家庭社經地位之偏見）（教育部，2013a）。教育政策為公共政策的一環，需支持不同種族、不同婚姻關係、不同家庭結構，並尊重家庭教養子女的價值，因此教育工作者需不斷省思，修正自己的多元價值理念，避免採單一文化的視野去詮釋與自身文化不同的其他文化，以因應多元文化的發展趨勢，並透過與家長合作發揮家庭生育、養育與教育的功能。

貳、教育品質的發展趨勢

一、提升教育品質已是國際間教育發展的重要方向

　　1980年以後，追求卓越及提升品質已成為教育發展的焦點（林新發，1998）。許多先進國家的教育改革著重在有效的人才培育，以提升國家競爭力，並透過評鑑的方式來確保教育品質（吳清基，2006；陳木金、邱馨儀，2007；Furubo & Rist, 2002）。如高等教

育品質的發展，在1991年成立「高等教育品質保證國際網絡」（International Network for Quality Assurance Agencies in Higher Education, INQAAHE）為世界上重要的品質保證組織之一，我國「臺灣評鑑協會」亦是會員之一（INQAAHE, 2015）。INQAAHE於2003年公布《優良評鑑準則》，並於2009年進行大學機構的認證。歐盟在2000年設置「高等教育品質保證網絡」（European Network for Quality Assurance, ENQA），歐洲教育部長們於2005年採納ENQA提出的《歐洲高等教育區域品質保證標準與準則》（Standards and Guidelines for Quality Assurance in the European Higher Education Area），2007年修正品質保證標準，且每5年歐洲品保機構的會員以此準則接受外部評鑑。亞洲於2004年成立「亞太品質網絡」（Asia-Pacific Quality Network），以積極提升各國自我品保系統的品質，並建立整合平臺（侯永琪，2012）。南非於1998年設立「教育與訓練品質保證機構」（Education and Training Quality Assurance Bodies, ETQAs），主要任務在認可高等教育機構，並提升其品質（楊瑩、薛雅寧，2008）。

國際間學前教育的發展趨勢是以提升教保品質為重要的發展方向，如2014年美國教育部和衛生及公共服務部發放2億2,600萬美元的補助，用來改善18個州的兒童早期教育系統（駐美國代表處教育組，2014）。香港免費幼稚園教育委員會（2015）提出《15年幼稚園免費教育建議書》，以「兒童優先，給他們一個好的開始」作為願景，透過改善教師專業、降低師生比例、改善並興建校舍、加強幼稚園行政管理及責任等作為來提升品質。澳洲政府訂定幼兒教育及照顧的國家品質標準，以確保幼兒早期的健康與發展（National Quality Standard, NQS）（Department of Local Government and Communities, Government of Western Australia, 2009）。歐盟委員會（European Commission）提出「品質架構的關鍵原則」（Key Principles of a Quality Framework），用來改善幼兒教育及照顧的品質（Working Group on Early Childhood Education and Care, 2014）。中國教育部2012年正式發行《3-6歲兒童學習與發展指南》，以提高幼兒園教師的專業素質，且擬定各級教師專業標準，內容包括專業理念與師德、專業知識、專業能力三個層次（楊日飛，2012；輝進宇、褚遠輝，2012）。

近10餘年我國教育部陸續推動許多幼兒教育政策，其主要方向是改善幼兒接受教育與保育服務的品質。如2008年推動「扶持5歲幼兒教育計畫」、2011年執行「5歲幼兒免學費教育計畫」，其目的中均指明要建構優質教保環境，以確保幼兒所受教保品質（教育部，2008；教育部、內政部，2010，2011）；2012年進行「幼托整合」要提供幼兒享有同等教保品質（邱志鵬，2007；教育部，2003，2009）；2012年實施「幼兒園輔導計畫」要逐步提升幼兒園教保服務品質（教育部，2014c）；以及2013年起實施「幼兒園基礎評鑑」，主要是檢視幼兒園符合法律規範的情形，即法律規定幼兒園提供教保服務品質的最低標準。可見，提升教育品質已是國際間以及我國教育發展與改革的重要方向。

二、提升教育品質是不同教育階段關注焦點

我國行政院教育改革審議委員會（1996）總諮議報告書指出：將教育品質列為國家努力的重要方向；行政院104年度施政方針，有關教育內容的陳述指出：獎勵大學教學卓越、提升中小學教師素質並建立教師專業發展機制、輔助高中職優質化、降低國中小班級學生數及提高國小教師員額編制、建構學前幼兒優質教育與安全學習環境等

（行政院，2014）。可見，追求教育品質是我國長期以來重要的施政目標。

教育部（2012a）指出：「國家的未來，關鍵在教育；教育的品質，奠基於良師。」楊深坑、黃嘉莉、黃淑玲與楊洲松（2005）指出，改善教育品質首先需要提升教師的專業表現，因有高素質的教師才有高品質的教育。近年我國教育部積極建置「中小學教師專業發展整合體系」以及「教師專業發展評鑑網」等資訊平臺，透過結合專業學習社群、建立學習典範、提供圖書影音資訊、輔導諮詢、研習課程等，讓不同層級學校的教師有專業發展平臺。教育部也委託潘慧玲等人（2004）發展「國民中小學教師教學專業能力指標」；吳清基等人（2007）訂定「各師資類科教師專業表現標準」，包括幼兒教師、國民小學教師、國民中學教師、高級中學教師、高職學校教師、特殊教育教師等專業標準；曾憲政等人（2007）規劃「高級中等以下學校教師專業發展評鑑規準」，以促進教師專業發展，提升教學品質，增進學生學習成效的目的。此外，在幼兒教育領域中，教育部頒布並執行「幼兒園輔導計畫」，並委託學者訂定《幼兒園課程與教學品質評估表》，從學習環境規劃面向、班級經營面向、課程規劃與實施面向以及教保人員專業發展面向等，評估幼兒園執行課程與教學的品質（林佩蓉、張斯寧，2012）；推動「幼兒園教保活動課程暫行大綱」辦理相關研習活動，以改善教保服務人員教學專業能力（教育部，2013a），並於2013年8月實施基礎評鑑（幼兒園評鑑辦法，2015），以確保幼兒享有最基本且一致的教育與照顧。由此可知，提升教育品質已成為不同教育階段關注焦點，其中提升幼兒教育品質已有具體的執行方向。

三、教保服務人員專業表現是幼兒教保品質的基礎

　　幼兒時期是人類生命週期中獨特且重要的階段，也是個體終身發展的基礎，此時期的發展與表現將成爲決定下一個階段成功與否的關鍵。爲了提升幼兒教育品質，世界重要國家或組織紛紛提出幼兒教育品質的評估標準，如美國幼兒教育協會（National Association for the Education of Young Children, NAEYC）（2005）發展幼教機構教保品質的鑑定標準；國際兒童教育協會（Association for Childhood Education International, ACEI）（2011）建構全球評估準則（Global Guidelines Assessment, GGA）；OECD（2012a; 2012b, 2012c）提出影響幼兒教育品質的因素，並認爲受過良好教育與訓練的專業人員是提供高品質教育與照顧的關鍵因子，以及新增幼兒教育指標作爲檢視其會員國幼兒教育發展的情形。

　　教育品質的首要目標是要改善幼兒早期的照顧與教育（UNES-CO, 2005），而高質量的幼兒教育對提高國家競爭力具有重要的作用（行政院經濟建設委員會，2008）。既然許多文獻指出幼兒教育對個人及國家社會的發展有重要影響，因此提供學前幼兒良好的教育與照顧服務是重要且唯一的途徑，又任何革新措施需改善教師專業素養，才可能提升教育品質（教育部，1995），而各國在談及幼兒教保品質時，常會涉及師生比、人員素質及訓練（簡楚瑛，2003）。如美國州際教師評估與支持聯盟（Interstate Teacher Assessment and Support Consortium）提出學習者與學習、學習內容、教學實務、專業責任等四個教學標準（Council of Chief State School Officers, 2011）；英國教育部（Department of Education, 2011）指出，教師必須具備教學以及個人和專業行爲兩個層面的標準；澳洲全國教師專業標準組織（Organisation of the National Professional Standards for

Teachers）訂定教師專業標準，包括專業知識、專業實踐、專業發展等三個層面（Australian Institute for Teaching and School Leadership, 2011）。可見，要改善幼兒教育階段教育及照顧的品質，首要關注教保服務人員對幼兒教育與照顧的知覺，以及瞭解教保服務人員在教育專業上的表現。

四、採用教育評鑑的方式，檢視教育品質

　　教育評鑑是有系統的蒐集並解釋證據，藉以判斷教育活動的價值，作爲進一步行動的參考（吳明清，1997），故教育評鑑是提升教育品質和增進教育績效的重要利器，具有品質保證、品質控制、認可表現、改進缺失和經費補助的目標（吳清山，2004）。幼兒園評鑑最主要目的與功能，是檢視幼兒園對幼兒提供教育及照顧服務的現況與品質，以及維護幼兒教保的權益，進而促進社會大眾對幼兒教育的認識（孫良誠，2008），故幼兒園評鑑可視爲是幼兒園的健康檢查（蔡春美、張翠娥、陳素珍，2000）。

　　依據《幼兒園評鑑辦法》（2015）評鑑類別可分爲三類：1.基礎評鑑：辦理的目的是執行政府監督幼兒園的責任，以檢核其符合法令相關規定的情形；2.追蹤評鑑：是針對基礎評鑑未通過之項目，依原評鑑指標再次檢核，以判斷該項指標是否符合法令相關規定；3.專業認證評鑑：辦理的目的是確認幼兒園提供的教保服務已達專業品質。因此，透過教育評鑑的方式檢視教育執行的過程與結果，可以引導與維護幼兒教育的正常發展，進而改善與提升教育品質。

　　「達喀爾行動綱領」（Dakar Framework for Action）主張：讓每一個孩子得到有品質的教育是幼兒的權利，並認爲品質是教育的心臟（UNESCO, 2005）。提升教育品質已成爲國際間教育發展的重要方

向，我國不同教育階段亦同樣關注教育品質的發展，其中幼兒教育階段是各教育階段的基礎，具有獨特性與重要性，且是個體未來發展的根源，亦是國家社會的希望，若能在此階段提供幼兒高品質的教育與照顧服務，對個體及社會國家發展將有積極正向的功能。

品質理論與幼兒教育品質內涵

CHAPTER 2

　　「品質」（Quality）是任何組織或機構都應該認眞看待並努力追求的目標，而持續改善品質則能不斷創造價值。品質的意義可以概述爲：一個組織對其提供的產品或服務，能符合或超越顧客的期望。爲了達成此目的，不論是營利性組織、非營利組織或政府組織，大多透過各種績效評估的方式進行品質管理。績效評估與組織管理活動中的控制有關，其功能是爲了監控預算財務、作業流程、人事管理等不同面向，以達成改善品質、樹立標竿的目的（許士軍，2003；Poister, 2003）。Kaplan與Norton（2003）指出：如果組織不能衡量，就無法進行管理；若不能說清楚策略，就無法加以衡量。因此，品質的內涵包括哪些項目，則成爲品質管理優先處理的工作。以下分別說明品質的理論以及幼兒教育品質的內涵。

壹、品質理論

　　品質是一個模糊且複雜的概念，沒有一個品質理論能充分且完整的說明在不同情形下，可以確保產品或服務的品質。品質概念會隨著時代進步不斷地演化發展，如18世紀工業革命運用機器代替人工開始大量生產，故設立檢查員以目視的方式檢驗不同零件組合的好壞；1930年代蕭華德（Walt A. Shewhart）主張運用統計觀念，分析從產品所得到的數據來測量品質；1950年代除了延續以統計數據分析品質外，也在品質價格、整體流程、設計規劃上進行管制，以達到零缺點（Zero Defects）的目標，這個階段以石川馨（Kaoru Ishikawa）、費根堡（Armand V. Feigenbaum）以及克勞斯比（Philip B. Crosby）爲代表；1980年代以後進入策略品質管理時期，因組織管理者將品質管理視爲一種競爭的利益，且在市場要求高品質的競爭壓力下，並受到產品價格及產品通路的影響，組織應如何訂定策略達成品質

管理的目的，並滿足顧客需求與期待則成為品質關注的焦點，如戴明（William E. Deming）提出品質管理的「Plan-Do-Check-Action」（PDCA）循環，以及裘蘭（Joseph M. Juran）發展出「策略性品質管理」（Strategic Quality Management），並以計畫、控制、改善等三個基本過程作為品質管理的基礎（何瑞薇，2002；張家宜，2002；鄭春生，2010；Foster, 2012；Garvin, 1988）。

一、全面品質管理

全面品質管理（Total Quality Management, TQM）最早由美國品質管理專家戴明提出，經結合裘蘭、費根堡、克勞斯比，以及石川馨等東西方學者的理念，並與全面品質管制（Total Quality Control, TQC）及全公司品質管制（Company-wide Quality Control, CWQC）進行整合，產生更為成熟的TQM（張家宜，2002；傅和彥、黃士滔，2004；鄭春生，2010）。TQC是組織內所有部門對品質的發展、維持與改進所做的努力，將組織內垂直部門的指導與橫向部門的協作結合，使其統合為一個品質管理系統，不僅要發揮垂直部門的監督機能，也要發揮橫向部門的合作機能，以追求良好的產品品質與服務品質，使組織所提供的產品或服務能讓顧客完全滿意。

TQM最基本的想法是讓組織的每一個成員參與和品質有關的活動，透過周延的管理過程不斷追求品質改善以達到顧客滿意的目的。從其想法可以將TQM區分為三個層面：「全面」是指組織中所有成員都必須參與品質改進的過程，並以追求品質為目標；「品質」是指改進活動的過程、結果與服務，使之能符合顧客的需求，同時也反應組織各層面的卓越性；「管理」則是達成高品質目標的手段和方法（吳清山、林天佑，1994；桂楚華、林清河，2008；傅和彥、黃士

滔，2004；鄭春生，2010）。TQM的意涵包括以下六項（吳清山、黃旭鈞，1995）：

1. 顧客滿意至上：組織提供的產品或服務，需以顧客滿意為依歸。

2. 承諾品質第一：組織對所提供的品質，需要有所承諾與保證，避免重做導致成本的增加。

3. 持續不斷改進：組織中所有成員需致力於個人以及團體不斷的進步。

4. 發揮人力資源：藉由訓練使組織成員增能，並透過賦權讓成員自己能改進所提供的服務。

5. 全體成員參與：組織每一個成員必須參與改進品質的活動，以團隊合作的方式追求產品或服務的高品質。

6. 資料本位決定：運用客觀資料與統計分析的技術，增加組織決策的正確性。

何瑞薇（2002）指出TQM注重長期的品質改進，不僅要改變員工的行為，也要改變機構的管理和領導方式，進而使組織文化也能有所轉變。TQM的特質包括專注於顧客要求、支持性的組織文化、持續不斷改善品質、全員參與及團隊合作、組織的所有成員接受品質管理訓練、高階管理領導與承諾、客觀的衡量標準等（鄭春生，2010），透過作業流程的管控、人員品質的訓練、產品品質或服務品質的要求等策略性規劃，使個人目標與團體目標相結合，以改變組織文化，並運用量性分析的衡量技術，提供管理層級擬定決策行動的依據，以減少組織成本並滿足顧客期望。

二、國際標準組織

　　國際標準組織（International Organization for Standardization, ISO）於1947年成立，其宗旨是制定世界通用的國際標準，以達成國際化的標準環境，並減少技術性的障礙。所謂ISO認證即「符合性鑑定」（conformity assessment），是指以產品、過程或服務作為對象，藉由直接或間接稽核，決定組織是否達到相關的要求（鄭讚源、王士峰，2004）。ISO公布的各項標準中，ISO 9000：2000系列是國際品質管理系統標準與指引，其藉由品質管理系統的運作以保證產品的品質，並透過機構以外的第三方，負責稽核與驗證組織在生產或提供服務過程中對流程的控制能力，以提供社會大眾對產品品質的保證，因此ISO是一個組織管理的標準（何瑞薇，2002；張家宜，2002；傅和彥、黃士滔，2004；鄭讚源、王士峰，2004）。

　　ISO 9000系列中，ISO 9001是對組織品質管理系統的要求，ISO 9004是組織品質管理系統的績效改善指引。ISO 9001與ISO 9004的八項管理原則如下（傅和彥、黃士滔，2004）：

1. 顧客導向：組織需瞭解顧客的需要，並設法滿足或超越顧客的期望。
2. 領導統馭：領導者應確立組織宗旨與方針，且營造讓組織成員能融入的環境，以致力達成組織目標。
3. 全員參與：組織每一個成員必須體認組織目標，並參與提升品質的活動。
4. 流程方法：使組織內各種流程順利進行，以利完成各種活動。
5. 系統方法的管理：瞭解組織內各種程序運作情形，並修正、維護與管理運作的程序，以順利達成組織目標。

6. 持續改進：持續地改善以提升品質或達成組織績效。

7. 根據事實決策：根據事實的數據進行分析，作為決策的基礎。

8. 互利的供應商關係：組織與供應商相互合作，以增加雙方的價值。

ISO認證的特徵是將作業手冊化，依據手冊執行業務，並將執行結果留下記錄，增加顧客的安全感。其整體流程包括：1.做出引進ISO的決定；2.成立內部推動體制；3.訂定日程計畫；4.實施教育；5.掌握目前品質狀況；6.製作品質手冊；7.運用所建立的品質系統；8.實施內部品質稽核；9.接受預備審查；10.接受文件審查；11.接受正式審查；12.接受追蹤審查；13.更新審查等（張明輝，2004）。由ISO 9000系列的理念可以看出，品質應該存在於組織的系統與執行程序中，從設計、採購、生產、行銷與銷售，經過正式且嚴格的管理系統，以確保產品能符合規格、服務能符合期望（何瑞薇，2002）。

三、六標準差管理

六標準差管理（Six Sigma Management）是摩托羅拉（Motorola）公司於1987年基於統計學概念，發展出來的一套整合性的經營管理方法。意旨組織透過改造流程或專案管理的方式，縮小產品品質分配的標準差，讓產品品質的分配設定在平均數正負三個標準差內。換言之，每100萬次的操作過程中僅容許3.4次的犯錯機率。它能協助企業重新思考願景、目標，並篩選出優先改善的專案，配合有效的品管方法及獎勵制度，由關鍵變異著手進行產品或服務品質的改善，以提高企業績效（丁惠民，2006；邱永和、戴肇洋、詹乾隆，2005；桂楚華、林清河，2008；張明輝，2004；楊錦洲，2005）。

　　六標準差是衡量某一流程、產品或服務與顧客需求間存有多少變異的指標（丁惠民，2006），而透過六標準差的管理來改變生產或服務流程，以降低品質的犯錯情形，此具有以下四種意涵（傅和彥、黃士滔，2004）：

1. 長期的品質目標需要持續不斷進行改善：每個製程要達到六標準差的水準，並非一蹴可幾，組織必須審慎評估自己的情況，循序漸進、按部就班的持續進行改善，才可能達到六標準差的水準。

2. 達到六標準差水準有賴組織全體成員的努力：組織內每一個人至少涉及一個流程，而每一個流程都可以成為六標準差的專案，因此組織的全體成員需共同努力，才能讓流程達到六標準差的水準。

3. 達到六標準差水準需團隊共同合作：一個製程通常包含數個子流程，唯有整個製程的團隊通力合作，才可能達到六標準差的要求。

4. 循序漸進的目標可以產生持久的競爭優勢：組織全體員工以循序漸進改善的作為達成六標準差的水準，有助於讓組織產生持久性的競爭優勢。

　　六標準差管理是將重心放在藉以消除執行過程中的錯誤以節省成本，使企業生產和服務流程能產生最大效益。六標準差管理的執行步驟一般稱之為DMAIC法，說明如下（張明輝，2004；傅和彥、黃士滔，2004）：

1. 界定（define）：依據影響顧客滿意的因素以及影響流程變異的關鍵品質，擬定計畫、目標，並評估其可行性。

2. 衡量（measure）：是評估當前流程的績效，包含辨別投入及產出的流程、找出產品或流程的關鍵品質特性、選擇關鍵指

標，以及評估改善流程的能力等。

3. 分析（analyze）：是為了確認導致問題的根源，包括發展出具因果關係的假設、分析整個流程及資料、運用統計方式檢定因果關係是否成立等三個步驟。

4. 改善（improve）：是指改善流程並消除缺失，組織的管理階層可以調整並控制每個關鍵品質的特性，進而達到流程變異的期望。

5. 管制（control）：是控制流程的績效，包含使用有效的衡量系統、決定流程的能力、建立並維護流程管制、管控每一流程操作步驟、持續流程改善等五項。

　　由上述品質管理理論可知，「全面品質管理」是組織所有成員都參與和提升品質有關的活動，透過周延的流程管理、人員訓練與產品規劃的過程，持續追求品質的改善；「ISO認證」主要是對產品或服務過程是否達成要求所進行的鑑定工作，透過第三方稽核與認證的過程，來改善缺點以提升品質；「六標準差管理」是以統計學基礎發展出來的管理方法，藉由掌控流程來降低產品或服務的犯錯機率，進而提高品質。

　　全面品質管理和ISO認證較常見於教育界。全面品質管理將教育的顧客區分為內部顧客（教職員工）與外部顧客（學生、家長、勞動市場、社會）兩類（張家宜，2002）。在學習過程中應將學生置於中心，以學生的最佳利益為原則，提供高品質的教學、照顧與行政服務，不僅要滿足學生個人的發展需求與學習興趣，也應滿足家長的期望，以及滿足勞動市場與社會發展對人才的需求，讓學校的教職員工都能體認自己工作的重要性，並能與他人合作持續改善品質。ISO為規範品質保證的系統，在學校中可以建立教學系統，以順利推動課程規劃、教學執行（教學內容、教學方法、教學評量）與學生輔導工

作，引導學生完成各種學習活動。行政系統的建立可以整合教務、學務、總務、會計、人事等不同部門，提供學生學習所需的環境空間、教學資源、社團活動以及相關表件申請等，並能經常關注學生的需求與發展，協助學生達成學習目標；同時也應關注教職人員的訓練，檢視行政運作的程序並進行可能的修正，使學生能滿意自己的學習成果，以及滿意學校提供的學習環境與學習資源。

貳、幼兒教育品質之內涵

一、教育品質的定義

　　行政院教育改革審議委員會（1996）總諮議報告書，將教育品質列為國家努力的重要方向之一；教育部（2012a）指出：「國家的未來，關鍵在教育；教育的品質，奠基於良師。」美國總統歐巴馬（B. Obama）指出：「如果希望美國領導21世紀，最重要的是讓每一個人都能獲得最好的教育。」（If we want America to lead in the 21st century, nothing is more important than giving everyone the best education possible.）（Obama, 2015）可見優質教育對國家未來發展的重要性。我國近年幼兒教育政策發展，如「5歲幼兒免學費教育計畫」的目標之一要建構優質教保環境，以確保幼兒所受教保品質（教育部、內政部，2011）；「幼托整合」目標之一是提供幼兒享有同等教保品質（邱志鵬，2007；教育部，2009）；「幼兒園輔導計畫」要建立具體明確之輔導目標，逐步提升幼兒園教保服務品質（教育部，2014c）等，都是以提升幼兒教育品質作為學前教育發展的主軸。

　　教育品質的概念會受到社會發展、文化價值以及國家教育政策的

影響，因此有必要澄清教育品質的概念。簡楚瑛（2006）指出，以不同的觀點定義教育品質，易使得大眾對品質的概念充滿主觀性、多元性以及相對性，其彙整六種定義教育品質的角度：1.以成果來定義教育品質；2.以符合標準與否來定義教育品質；3.從不同利害關係人的個別角度來定義教育品質（如幼托機構領導者、教師、家長、孩子）；4.從結構層面與過程層面來定義教育品質；5.從系統的角度來看教育品質；6.從全面品質管理的角度來看教育品質，每一種觀點都有其主張的立場與不足之處。

林天祐（1997）、林新發（1998）與張芳全（2003）從教育實施的歷程（教育輸入、教育過程、教育結果）看待教育品質。教育輸入指教學經費、教師素質、師生比例等資源；教育過程指教育目標、教學內容、班級經營；教育結果指學生的成就表現，能符合社會大眾期望的程度。聯合國兒童基金會（United Nations Children's Fund, UNICEF）（2000）從學習者、學習環境、教學內容、教學過程、教學結果說明教育品質，認為：1.學習者是健康的，營養良好且準備好參加學習，在學習過程中受到家庭和社區的支持；2.學習環境是健康安全的，並能提供足夠的資源和設施；3.教學內容以及相關的課程與教材，能讓學習者獲得基本技能（如識字、算數）與知識（健康、性別、營養、預防AIDS）；4.教學過程透過訓練有素的教師，採用以兒童為中心的教學方法，在良好班級經營與學校氛圍下，促進學習並縮小差距；5.教育結果包括知識、技能和態度並與國家目標連結，使學習者能積極參與社會。

UNESCO（2005）提出理解教育品質的架構（如圖2-1），從其架構可知教育品質需思考四大層面，包括學習者的個人特質、不同層面的背景因素、輸入的教學資源，以及學習成果的表現。若將教育品質架構的內容再細分，包括學習者的特質、學習環境（班級大小、物

理的基礎設施和設備）、教與學（教學內容、學習材料、教學方法、教學評量、學習表現）、人事管理（人力資源、學校的管理）、家庭與社會、國家教育政策等。

　　可見教育品質與國家推動的教育政策目標、社會發展與市場需求、社會大眾看待教育的價值觀、家長對教育的期望，以及學生的學習與行為表現有關。因此，可將教育品質定義為：教育投入的人力資源、物力資源與財力資源，以及教育過程所安排的學習內容、活動形式、學習情境、教學資源等，能滿足學生的學習需求，使學生的行為與學習表現，能應付個人生活問題並符合國家及社會的期待與需要。

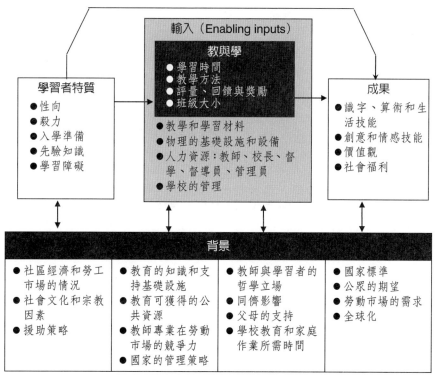

圖2-1　理解教育品質的架構

資料來源：出自UNESCO（2005: 36）。

二、重要組織與國家對幼兒教育品質的看法

(一)美國幼兒教育協會之幼教機構教保品質的鑑定標準

美國幼兒教育協會〔National Association for the Education of Young Children, NAEYC〕（2005）提出幼教機構教保品質的鑑定標準，區分為兒童、教職人員、夥伴、領導與管理等四個層面，如圖2-2。

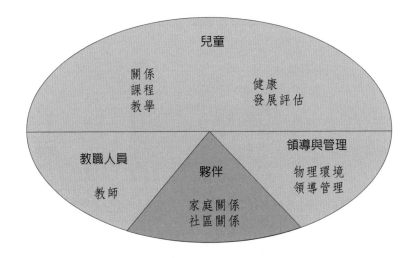

圖2-2　NAEYC幼兒教保品質標準的層面

資料來源：NAEYC（2005: 2）。

1. 關係：促進所有兒童和成人間的正向關係，鼓勵每一個兒童感受個人的價值並歸屬於社區的一部分，培育兒童成為有能力、可貢獻的社會成員。

2. 課程：課程應符合教育目標，並促進兒童在美育、認知、情感、語言、身體和社會等領域的學習與發展。

3. 教學：在課程目標的脈絡下，運用發展性、文化性、適切的

　　語言，以及有效的教學方法，增強兒童的學習和發展。

4. 發展評估：以持續有系統的、正式或非正式的評估方法，提供兒童學習與發展的資訊，並與家人相互溝通以及在文化背景下進行評估，並依據評估結果來改善教學與課程，使兒童能獲益。

5. 健康：促進兒童的營養和健康，並使兒童和教職員工能遠離疾病和傷害。

6. 教師：教學人員需具備教師資格、知識和專業承諾，以協助兒童的學習與發展，並支持家庭的多元需求。

7. 家庭關係：瞭解幼兒的家庭、語言及文化，建立並維持與每位幼兒家庭的合作關係，以培養兒童各方面（in all settings）的發展。

8. 社區關係：建立幼兒園與社區關係，並運用社區資源實現教學目標。

9. 物理環境：提供安全、健康、適當、維護良好的室內外環境、設施、設備和材料，應便利兒童和教職員工的學習與發展。

10.領導管理：以有效的措施、程序或系統，穩定人事、財務及課程管理，使所有兒童、家庭和教職員工擁有優質的感受。

(二)國際兒童教育協會之兒童教育全球評估準則

　　國際兒童教育協會（Association for Childhood Education International, ACEI）於2011年提出第三版的兒童教育全球評估準則（Global Guidelines Assessment, GGA），鼓勵教育工作者使用GGA所設計的指標來設立或改善幼兒園。GGA包括環境與物理空間、課程內容與教學方法、幼兒教育與照顧者、家庭和社區的夥伴關係、特殊需求兒

童照護等五個層面（ACEI, 2011），說明如下：

1. 環境與物理空間：學習環境應具備身體與心理的安全性，保護兒童健康不受傷害，並排除學習及發展上的阻礙，使不同種族、性別、階級與特殊需求之兒童，在物理空間中有多樣化的學習經驗。此層面包括環境與物理空間，以及能刺激發展的環境兩個次層面。

2. 課程內容與教學方法：課程反映教育哲學理念，是教保人員的教學指引，需以兒童爲中心並基於發展與文化經驗，提供幼兒生理、認知、語言、創造力及社會情緒的學習內容，以培養有能力、有愛心、有同理心的世界公民。此層面包括課程設計、課程內容、教學方法、學習教材、兒童的進步評估，以及方案評估等六個次層面。

3. 幼兒教育與照顧者：教育與照顧者需具備適切的人格特質，並應負責提供有效的計畫以促進幼兒發展與學習。此層面包括知識和表現、個人與專業特質、道德倫理等三個次層面。

4. 家庭和社區的夥伴關係：幼兒的教育與保育工作是家庭、教保人員以及社區共同的責任，家庭和社區內的有所人，應共同承擔提升幼兒最佳福祉的責任。此層面包括政策規劃、倫理責任和行爲、訓練和資源、幼兒從家庭到學校的銜接（transition）、家庭和社區參與機會等五個次層面。

5. 特殊需求幼兒：包括貧困、營養不良、或生物條件不佳等，爲了發展特殊幼兒潛能，所需的支援服務超越正常同齡兒童。透過鑑定落差（identify gaps in services）與發展服務計畫，讓特殊需求幼兒能易於接受公平性的服務，使其降低對特殊服務的需求。此層面包括易於獲得且公平的服務、共同的理念與目標、服務提供者，以及服務的傳遞（service deliv-

ery）等四個次層面。

(三)OECD之品質工具箱

OECD（2012b）提出品質工具箱（Quality Toolbox）主要目的，是提供實際的解決方案，並認為改善幼兒教育及照顧的品質，可以為兒童、家庭及社會帶來廣泛的利益，而提升教育品質的五項關鍵要素（levers）如下：

1. 設定品質目標及規範：擬定最有可能提高幼兒教育及照顧品質的目標，如訂定領導、管理與資金的明確目標，以協調對幼兒的服務；提出確保教育與照顧品質的最低標準（minimum standards），包括師生比、班級大小、教職員專業訓練、教職員薪資、方案課程執行時間（programme duration）、全校性課程、物理環境，以及教職員性別與多樣性；訂定課程標準以確保幼兒接受教育與照顧的品質，增強老師的教學策略，並幫助父母理解幼兒的發展，以及教職員專業發展等。

2. 設計和實踐課程及標準：確保品質的每一個層面能顧及不同規定以及不同團體的幼兒，並確認幼兒能學到必要的知識和技能，以利幼小銜接；幫助教保人員瞭解自己的教學目標、保持進步的動力、提供幼兒學習的架構、注重幼兒發展的重要層面，並充分滿足幼兒的需求；邀請利害關係人參與課程設計，以平衡對幼兒發展的不同期望；協助父母親瞭解兒童發展，並鼓勵家長提供良好的家庭學習環境；建立教師和家長之間的橋梁，分享幼兒在幼兒園的工作和生活，並以幼兒的需求為基礎，提供適時的介入。

3. 改善教職員資格、培訓和工作條件：受過良好教育與訓練的

專業人員，是提供高品質教育與照顧的關鍵因素。故教師需具有刺激幼兒發展的能力；有較高的教育水準可提供幼兒較佳的教育與照顧品質，以有效促進幼兒認知、社會情緒以及健康的發展；持續性的專業發展，以維持專業品質；高素質的教師可以影響與他一起工作的人。工作條件包括合宜的師生比和較少的團體人數；優厚的薪資和福利；合理的工作負擔；員工的穩定度（low staff turnover）；刺激、好玩的物理環境；稱職和支持中心的管理者。

4. 家庭和社區的參與：包括有品質和經常性的親子互動；參與幼兒每一天的活動；與幼兒一起閱讀故事；提供親子一起進行的活動和材料；獲得親職技巧並瞭解幼兒的學習與發展；參與並決定幼兒園的課程和活動；經常性的親師溝通並瞭解社區服務，分享對幼兒發展的真實期望；透過家庭訪問瞭解幼兒的家庭環境；取得社區資源；提供物資或特別計畫支持偏鄉的家庭和社區（hard-to-reach families and neighbour-hoods）。

5. 促進資料的蒐集、研究和監測：審慎思考資料蒐集的目的；小心選擇可以改善的計畫和工作團隊的指標，並實際改善幼兒的學習結果以增加知識；小心選擇監測的方法；廣泛蒐集資料並確認資料的可靠性。比較不同地區的研究、縱貫性的研究、品質指標的研究、不同方案的影響，以及比較不同的教學策略，有助於強化對幼兒服務的品質。

(四)澳洲政府訂定幼兒教育及照顧的國家品質標準

澳洲政府訂定幼兒教育及照顧的國家品質標準（National Quality Standard, NQS），確保幼兒在第一個五年能健康、學習和社會

發展，並爲家庭提供優質的訊息，以及要求業者提供幼兒高品質的
教育及照顧。NQS是藉由以下四點，來改善幼兒教育及照顧的品質
（Department of Local Government and Communities, Government of
Western Australia, 2009）：

1. 提高工作人員對幼兒的比例，以確保每一個孩子能得到更多
的個別照顧和關懷。
2. 要求新進教保人員的資格，應確保教保人員有足夠的知能可
以幫助孩子的學習和發展。
3. 建立新的品質評量系統，以確保家庭獲得有關幼兒教育和照
顧服務品質的訊息。
4. 成立一個新的國家機構，以確保高品質的幼兒教育與照顧服
務。

澳洲政府訂定幼兒教育及照顧之新的國家品質標準，區分爲七個
層面、二十三項標準，說明如後：

1. 教育計畫和實踐：包含提供早年的學習架構，以增強每一個
孩子的學習和發展；爲幼兒規劃的課程方案，需考慮他們的
特質、能力、文化、興趣和經驗等二項標準。
2. 兒童健康與安全：包括提升每一位幼兒的健康；爲幼兒設計
的方案應包含健康飲食和身體活動；每一位幼兒要被保護等
三項標準。
3. 物理環境：任何的設計與空間（location）需適合幼兒操作；
提供的環境可以讓幼兒經由遊戲探索與學習來提升能力等二
項標準。
4. 人員安排：教師的安排要能促進幼兒的發展和學習，並確保
他們的安全與福祉；教職員工應具備知識和技能，以支持幼
兒的學習、健康、安全與福祉；教職員工具有謙恭的態度和

道德情操等三項標準。

5. 與幼兒的關係：包括尊敬和公平的對待每一位幼兒；支持每一位幼兒與其他人（幼兒或成人）建立並維持敏捷的（sensitive and responsive）關係；能有效引導每一位幼兒的行為，以及與他人的互動關係等三項。

6. 與家庭和社區合作的夥伴關係：包括尊敬並支持與家庭的關係；尊重和支持家長養育幼兒的價值觀和信念；與社區合作以促進幼兒的學習和福祉，以及參與社區服務等四項標準。

7. 領導和服務的管理：以有效的領導提升積極的組織文化，建立專業的學習社群；持續改進的承諾；管理和行政系統能有效提供優質服務；參與管理服務者或居住在當地者，是從事幼兒工作適合的人選；有效的處理申訴和抱怨；定期與家庭交換訊息等六項標準。

(五)歐盟委員會品質架構的關鍵原則

歐盟委員會（European Commission）將歐盟（European Union）會員國對幼兒教育及照顧提出的政策以及執行結果的研究資料，彙整提出「品質架構的關鍵原則」（Key Principles of a Quality Framework, KPQF），包括五個層面，每一層面下有二項行動主張，用來進一步改善幼兒教育及照顧的品質。這些行動主張是幼兒教育與照顧品質的關鍵原則（Working Group on Early Childhood Education and Care, 2014），說明如下：

1. 服務的可取得性（accessibility）：(1)提供家庭及幼兒可取得和負擔得起的教育和照顧服務；(2)提供並鼓勵幼兒和家庭參與社會的機會，以強化社會的包容性並接納多樣性。

2. 幼兒教育與照顧的員工：(1)合格教職員的培訓以及在職訓

練，使其可以充分發揮專業角色；(2)具有支持性的工作環境以及專業領導，有助於營造與家長溝通意見、思考規劃的合作團隊。

3. 課程：(1)課程規劃需根據教學目標、教育價值以及教學方法，使幼兒在學習歷程中能充分發揮潛能；(2)課程需要教師與幼兒、同事及家長合作，並反映在教學歷程中。

4. 監督與評估：(1)監督與評估產生的訊息，要能支持地區或國家持續改善幼兒教育的政策和實踐有品質的教育；(2)監督與評估應該以幼兒的最佳利益為考量。

5. 管理和資金：(1)利害關係人在幼兒教育及照顧系統中，應清楚理解他們自己的角色與責任，並且知道他們被期望與相關組織（如非營利組織、地方當局）成為合作夥伴；(2)法律、規範和資金應支持政府提供經常性的（universal entitlement）經費補助，以促進幼兒教育及照顧的進步，並定期向所有的利害關係人報告進步的結果。

(六)美國的品質評比與改善系統

美國國家兒童照顧品質改善中心（National Center on Child Care Quality Improvement, NCCCQI）發展品質評比與改善系統（Quality Rating and Improvement Systems, QRIS），此系統架構可為幼兒提供安全、合法以及有效的服務，也提供家長及社會大眾有關幼兒教育與照顧品質的訊息（NCCCQI, 2015）。QRIS的發展源自Mitchell（2005）品質評比系統（Quality Rating Systems, QRS）研究的結果，Mitchell指出QRS有三個項目：1.結構：師生比與班級大小；2.教職員的素質：教師的正式教育和具體培訓、教學經驗、流動情形，以及管理人員的行政經驗；3.動態的方案（program）：課程應

整合不同的發展領域，學習環境應兼顧師生互動、教師的正向行為、小團體的活動與課程執行，也應關注家長的參與，尤其是在家庭中與幼兒的教育活動，如閱讀書籍、聊天。

　　NCCCQI（2015）提出QRIS架構，以說明幼兒與學齡兒童在照顧與教育上的連結（如圖2-3）。QRIS標準的種類如下：

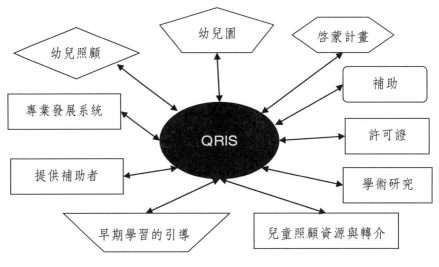

圖2-3　QRIS系統連結圖

資料來源：NCCCQI（2015: 4）。

1. 教職員工的素質與專業發展：此標準適用所有教室裡的教師，以及居家式幼兒照顧的提供者，包括需具備學士學位、接受幼兒教育訓練並擁有州政府頒發的證書，且能持續性的專業成長。

2. 課程與學習活動：學習活動應以幼兒所需的知識以及能力為規劃基礎，並能改善幼兒表現的結果。這個類別下的標準包括：每日學習的書面計畫、適合幼兒發展的課程、課程應與

學習和發展指南一致、課程應包含多元領域、運用環境評量表記錄適合學習的活動。

3. 管理與事物的執行：此類別涵蓋不同的管理議題，包括事物管理、財務收支、家長聯繫、人事政策規劃、品質評估與改善計畫等。

4. 家長參與：此類別標準一般涵蓋定期親師溝通幼兒的學習和發展、提供家長參與幼兒活動的機會、親職教育，以及提供社會支持的網路等。

5. 師生比與班級大小。

6. 幼兒評量：包括活動的觀察、學習檔案、運用多元指標評量幼兒在學習和發展的表現、依據評量或觀察的結果輔導（conducting）幼兒、與家長說明評估的結果等。

7. 健康與安全：提供營養和身體的活動、兒童醫療計畫、CPR與急救訓練、每日健康檢查、健康與發展篩檢、健康與安全訓練、聘任護理健康顧問、健康與安全的自我評核。

近年在QRIS的標準中，將焦點放在持續改善品質（continuous quality improvement, CQI），CQI是針對幼兒和家庭的表現進行品質改善的循環歷程，透過自我評估的過程，以及評估所得的數據訂定品質改善計畫，以提供幼兒和家庭最佳經驗。

(七)我國幼兒教保品質的發展

現階段我國教育當局並未訂定有關幼兒教保品質的相關標準，但精進幼兒教保品質的作為，則是近年來幼兒教育發展的重要方向（教育部，2014b）。幼托整合後擬定提升教保品質的相關政策如下：

1. 推動「優質教保發展計畫」，透過建構合宜的教保設施設備，充實環境設備、提升教保服務人員教育及照顧之專業知

能，使學齡前幼兒享有充足且優質之教保服務，並確保幼兒之健康及安全；以及建構家庭與社區支持網絡，協助家長育兒功能；以及建制數位化系統，加強政策倡導（教育部，2014a）。

2. 實施「幼兒園輔導計畫」，由教育部審核通過的輔導人員，採用臨床輔導的模式，依據幼兒園課程實施的現況提出改善建議，以逐步提升教保服務人員對幼兒教育及照顧服務的品質。

3. 訂定「幼兒園課程與教學品質評估表」，包括學習環境規劃、班級經營、課程規劃與實施、教保人員專業發展四個面向，每個面向包含數項指標以及四個等級的評估標準，據此評估幼兒園課程與教學品質的水準（林佩蓉、張斯寧，2012）。

4. 推廣「幼兒園教保活動課程暫行大綱」，補助各縣市政府辦理教保服務人員初階（課程大綱與內涵介紹、統整課程設計）與進階研習課程（課程領導者研習、課程實作與省思等），並出版《幼兒園教保活動課程手冊》、《幼兒園教保活動課程——健康安全實用手冊》及《幼兒園教保活動課程——課程發展參考實例》等六冊參考教材（可於全國教保資訊網站下載），以提升教保服務人員專業知能及幼兒教育與照顧品質。

5. 依據《幼兒園評鑑辦法》實施幼兒園評鑑，評鑑類別包括基礎評鑑、專業認證評鑑，以及追蹤評鑑。專業認證評鑑是針對園務領導、資源管理、教保活動課程、評量與輔導、安全與健康、家庭與社區等類別中，與幼兒園教保專業品質有關之項目進行評鑑。

　　教育部（1995）指出任何的教育革新措施，若能提升教師專業素養，才能提高教育品質，因教育改革成敗的關鍵在於教師（黃嘉莉，2002），且具有專業的教育人員是提供高品質教育與照顧的重要因素（OECD, 2012b）。教育部（2011a）發布「中華民國教育報告書」，並委託國立臺東大學研發「幼兒教育教師專業標準及專業表現指標」，以貫徹教師專業標準本位及提升教師專業素養。經研發後提出十項幼兒教育教師專業標準，以及29項專業表現指標（陳淑芳，2013），以提升教師的教學專業表現。

　　由上所述，不同組織或國家對幼兒教育與照顧品質，大致可以區分為以下五個層面：

1. 教學與照顧：包含教學實踐與幼兒照顧，並考量幼兒的學習特質，規劃教學與保育活動，如課程內容、教學方法、教學評量、健康、安全與幼兒關係。

2. 學習環境與空間：包括物理環境與學習情境，如班級大小、學習情境的基礎設施和設備。

3. 教保人員專業知能：指教保服務人員的專業訓練、資格，如教師培訓、教職員專業訓練等。

4. 家庭與社區關係：包括家長資源與社區資源的運用，以及家長及社區的參與。

5. 領導管理：包括擬定教學目標、領導統馭、人事管理、園務管理、財務管理、資源管理等。

　　提升幼兒教育與照顧品質是臺灣近年學前教育政策施政的主軸，透過前述文獻歸納出教保服務、學習環境與空間、教保人員專業知能、家庭與社區關係，以及領導管理等五個層面，是幼兒園提升幼兒教育與照顧品質需兼顧的範疇。在達成提升教育品質的目標前，幼兒園全體同仁需不斷的自我檢核與改善，以提供家長和幼兒滿足的服

務。幼兒園負責人（園長）宜訂定不同階段的發展目標，清楚掌握內部顧客與外部顧客的需求，做好管理與領導工作，並建立良善的組織氣氛；教保服務人員可以採用團隊合作的方式，規劃課程、執行教學活動，提供安全、健康的學習環境，並能持續性的專業成長，以提升專業知能；對家長而言，要成為幼兒教育與照顧的夥伴，支持教保服務人員的專業知能，並進入幼兒園提供資源、參與教學，共同為提升幼兒的發展和學習努力。

我國推動幼兒教育品質 之重要政策

CHAPTER 3

　　我國教育部於2005年成立幼兒教育科，有專門的行政人員編組，並編列經費以規劃幼兒教育相關政策，可謂我國學前教育發展的重要階段，也是一大進步，此也反應政府已對學前教育漸漸重視。幼兒教育科成立後，陸陸續續推動重要的幼兒教育政策，包括2006年推動「五年輔導計畫」，延續至2012年修正發布「幼兒園輔導計畫」；2008年延續並擴大辦理2004年推動的「扶持5歲弱勢幼兒及早教育計畫」，並更名為「扶持5歲幼兒教育計畫」；再滾動修正為2010年實施「5歲幼兒免學費教育計畫」；2012年1月1日施行《幼兒教育及照顧法》（簡稱《幼照法》），並依據《幼照法》實施「幼托整合」政策；2013年啟動「幼兒園基礎評鑑」；2014年發布「優質教保發展計畫」等。

　　綜觀這些政策除了具有延續性外，如「扶幼計畫」到「免學費計畫」、前後兩階段的「輔導計畫」；且不同計畫之間亦有橫向整合，如「扶幼計畫」、「免學費計畫」、「幼兒園輔導計畫」的政策目標均關注幼兒接受教育與保育的服務品質。教育部（2014a）實施「優質教保發展計畫」，其目標指出提供幼兒充足且優質之教保機會，以及減輕家長育兒負擔，與「扶持5歲幼兒教育計畫」及「5歲幼兒免學費教育計畫」目標相同；建構合宜之行政及教保設施設備，確保幼兒之健康及安全，與「幼兒園基礎評鑑」以及「幼兒園輔導計畫」的基礎輔導目標相關；又提升教保服務人員教育及照顧之專業知能，確保幼兒所受教保品質與「幼兒園輔導計畫」之專業發展輔導的目標亦有關聯。教育部推動的政策以滾動修正的方式進行，對我國幼兒教育現況產生了不小的影響。茲將影響幼兒教育品質的重要政策說明如後。

壹、扶持5歲幼兒教育計畫

一、扶幼計畫的沿革

　　扶幼計畫是依據「2001年教育改革檢討與改進會議」以及「2003年全國教育發展會議」，將5歲幼兒應納入國民教育正規體制之建議，由教育部於2004年呈報「國民教育幼兒班實施計畫（草案）」，經行政院審議結果，在考量國家整體財政、幼教機構供需現況後，修正爲「扶持5歲弱勢幼兒及早教育計畫」（教育部，2005a）。

　　2006年「行政院經濟永續發展會議」總結報告指出：「政府應營造有利生育、養育、教育環境，及推動國家承擔嬰幼兒照顧責任，以利國民婚育，維持人口年齡結構的穩定」，並推動各類鼓勵措施。教育部依據前行政院長張俊雄先生於行政院第3052次院會中裁示：爲因應少子化，提振生育率，減輕家長的財務負擔，政府願意與家長共同承擔育兒的責任，逐步將免費教育的年齡向下延伸，以儘速實現5歲幼兒免費教育之目標。因此，教育部以社會福利的概念以及維護社會公平正義的原則，並考量學前教育機構分布不均／公私失衡、經濟弱勢幼兒比率偏高，以及家庭支應子女教育經費負擔沉重等三個原因，於2007年將計畫名稱修正爲「扶持5歲幼兒教育計畫」，並將服務對象由偏遠地區擴大至全國年滿5足歲之幼兒（教育部，2005a，2008）。

二、扶幼計畫目標與主要執行工作

(一)扶幼計畫目標

從「扶持5歲弱勢幼兒及早教育計畫」（簡稱第一階段扶幼計畫）到「扶持5歲幼兒教育計畫」（簡稱第二階段扶幼計畫），兩階段扶幼計畫主要目標與執行工作或許有所異同，但第二階段是以第一階段為基礎進行修正與擴大，兩階段計畫的目標如下：

第一階段扶幼計畫，包含三項目標（教育部，2005a）：

1. 提供弱勢地區與一般地區經濟弱勢之滿5足歲幼兒充分的就學機會，保障幼兒受教權益。
2. 建構滿5足歲幼兒優質的幼教環境，改善幼兒受教品質。
3. 規劃全面實施國教往下延伸一年之配套措施。

第二階段扶幼計畫同樣有三項目標（教育部，2008），如下：

1. 提供滿5足歲至入國民小學前幼兒充分就學機會。
2. 減輕家庭育兒負擔，穩定人口成長。
3. 建構優質之教保環境，確保幼兒所受教保品質。

比較兩階段扶幼計畫的目標可知，第二階段推動的扶幼計畫已不再侷限於少數弱勢家庭幼兒，而是以全國5歲幼兒為服務對象，並依據家戶年所得提供滿5足歲至入國民小學前幼兒就學補助措施，期望提升5歲幼兒的入學率；兩階段扶幼計畫的目標，均同樣重視幼兒學習環境的品質。第一階段扶幼計畫的目標之一，係規劃國教往下延伸一年的配套措施，但因國教往下延伸涉及的層面廣泛、因素複雜，包括法律、經費、學區等（李建興、盧美貴、謝美慧、孫良誠，2009），非現階段所能實施，故國教往下延伸僅是一個未來性目標；第二階段扶幼計畫目標包括減輕家庭育兒負擔及穩定人口成長，前者屬於立即性目標，而穩定人口成長則兼具立即性與未來性的目標。兩階段扶幼計畫目標比較，如表3-1。

表3-1 兩階段扶幼計畫目標比較表

計畫 目標	第一階段扶幼計畫	第二階段扶幼計畫
時程目標	未來性：規劃國教往下延伸的相關配套措施	立即性：減輕家庭育兒負擔；立即性與未來性：穩定人口成長
對象目標	滿5足歲之弱勢幼兒，包括弱勢地區與一般地區經濟弱勢幼兒	1. 滿5足歲至入國民小學前之全國幼兒 2. 減輕家長經濟負擔
環境目標	建構滿5足歲幼兒優質的幼教環境，改善幼兒受教品質	建構優質之教保環境，確保幼兒所受教保品質

(二)扶幼計畫主要執行工作

第一階段扶幼計畫主要執行工作項目，包括「均衡並調節幼兒就近入園機會」、「鼓勵弱勢5歲幼兒參與扶幼計畫」、「建構優質硬體環境與設備」、「提升師資水平」、「研議改善參與試辦國幼班之私立機構教師待遇之機制」、「訪視、輔導、評鑑與成效評估」及「溝通與宣導」等七項。其中「訪視、輔導、評鑑與成效評估」主要考量偏遠地區弱勢幼兒的受教權益，並以推動國民教育幼兒班巡迴輔導機制，讓「扶持5歲弱勢幼兒及早教育計畫」能順利推動（教育部，2005a）。

第二階段扶幼計畫主要的工作項目為「規劃弱勢幼兒輔助教材」、「均衡並調節幼托園所的供應量」、「鼓勵弱勢幼兒入園」、「建構優質硬體環境與設備」、「提升師資水平」、「訪視、輔導與成效評估」及「溝通與宣導」等七項。除了持續推動弱勢地區幼兒教育外，另外也針對一般地區的幼兒教育，透過改善教學設備；成立教學訪視及輔導小組，辦理幼兒園輔導；拍製教學媒體，協助教師專業成長等方式，以提升師資水平及教學品質，同時也進行全國幼托機構供需分析，作為規劃供應不足地區增班設園的參考依據（教育部，

2008）。

　　相較於2004年推動的第一階段扶幼計畫，第二階段扶幼計畫是依據第一階段執行成果進行修正與調整且服務對象擴大至全國，故評估全國幼教機構的供需量不再偏限於偏遠地區，還新增一般地區經濟弱勢的幼兒，故均衡並調節供應量以及鼓勵弱勢幼兒入園是以全國5足歲幼兒為對象。而建構優質硬體環境與設備、提升師資水平，以及溝通與宣導等三項，兩階段扶幼計畫均推動並無改變；第二階段扶幼計畫將評鑑的內容刪除，保留訪視、輔導與成效評估，可使訪視輔導工作更順利進行，並可降低現場教保服務人員的壓力感受。另外，新增規劃弱勢幼兒輔助教材，以增加對弱勢幼兒的學習刺激，同時刪除研議改善私立機構之國幼班教師待遇機制等。兩階段扶幼計畫工作項目比較，如表3-2。

表3-2　兩階段扶幼計畫工作項目比較

第一階段扶幼計畫	第二階段扶幼計畫	備註
均衡並調節幼兒就近入園機會	均衡並調節供應量	2007年扶幼計畫擴大至全國，除原國幼班地區外，新增一般地區經濟弱勢幼兒
鼓勵弱勢5歲幼兒參與扶幼計畫	鼓勵弱勢幼兒入園	
建構優質硬體環境與設備		兩階段均相同
提升師資水平		
溝通與宣導		
研議改善私立機構之國幼班教師待遇機制		2007年刪除
訪視、輔導、評鑑與成效評估	訪視、輔導與成效評估	2007年刪除「評鑑」
	規劃弱勢幼兒輔助教材	2007年新增

資料來源：孫良誠、盧美貴、張孝筠（2014：100）。

貳、5歲幼兒免學費教育計畫

一、5歲幼兒免學費教育計畫的背景

(一)學齡前幼兒人口的成長趨勢

行政院經濟建設委員會（2012）推估我國未來0歲至5歲學齡前人口減少情形指出：2012年學齡前人口約為119.0萬人，2022年後將減少5.9萬人或5.0%；2032年後再減少4.8萬人或4.2%。面對少子女化問題，政府陸續推動相關計畫，試圖減少因少子女化所衍生的「國安問題」，此可從政府逐年增加對早期兒童教育與照顧的公共投資，以達成國家促進生育率的目標（教育部、內政部，2010，2011）觀察得出。「5歲幼兒免學費教育計畫」（簡稱免學費計畫），即在此社會發展的大趨勢下醞釀產生。

(二)「免學費計畫」推動前的先導計畫

教育部2004年起實施「扶持5歲弱勢幼兒及早教育計畫」，提供地區弱勢、文化弱勢以及經濟弱勢之5足歲幼兒就學機會。剛開始實施階段以離島地區為對象，包括金門縣、連江縣、澎湖縣、臺東縣蘭嶼鄉、綠島鄉及屏東縣琉球鄉；2005年擴大辦理，含蓋54個原住民鄉鎮市；2006年再擴大至全國低收入戶及中低收入戶之5歲幼兒為辦理對象；2007年教育部將計畫更名為「扶持5歲幼兒教育計畫」，並採逐年滾動修正的方式擴大補助對象，此奠定了學前幼兒就學補助的基礎（教育部，2008），此也促成「免學費計畫」的實踐。

(三)學前教育的國際發展趨勢

　　就學前教育的國際發展趨勢，係將學習者的受教年齡向下延伸並提供免費教育，如美國、英國、法國、俄羅斯、荷蘭、芬蘭等（李建興、盧美貴、謝美慧、孫良誠，2009）。OECD（2006）認為提供學前幼兒三年的教育，將有助於改善幼兒智力發展、獨立性、凝聚力和社交能力。UNESCO（2006, 2008）提出降低義務教育法定年齡的策略，使幼兒的照顧與教育能與初等教育有所關聯。美國國家教育政策委員會（Educational Policies Commission）1966年提出「普及幼兒教育機會」宣言（universal opportunity for early childhood education），指出到6歲才讓孩子接受教育為時已晚，應從4歲起就享有接受教育的權利，因6歲以前的發展對幼兒的未來具有決定性的影響（Austin, 1976）。讓幼兒提早接受教育是幼兒受教權伸張的具體作為，且將幼兒受教年齡向下延伸並提供免費教育，已是先進國家發展幼兒教育的重要趨勢，此趨勢也影響我國幼兒教育朝向免學費的方向發展。

(四)政黨選舉的推波助瀾

　　馬英九先生2008年競選總統時主張，提供5歲兒童免學費的學前教育（馬蕭社會福利政策，無日期）；民主進步黨中央黨部婦女部（2008）在「托育政策說帖」中也主張，為5歲幼兒納入國民義務教育作準備。前教育部長吳清基先生於2009年9月30日在立法院進行施政報告指出：將優先推動5歲幼兒免學費入學等13項重點工作（徐詠絮，2009），此申明確立了我國學前教育發展的趨勢。因此政黨選舉的政策主張，也是促使「免學費計畫」推動的原因之一。

二、「免學費計畫」的目標與工作項目

(一)「免學費計畫」的目標

教育部99學年度以實施國幼班地區的14個縣市[1]作為實驗「免學費計畫」的範圍，並依據實驗結果於100學年度擴大實施至全國。「免學費計畫」是採取非強迫、非義務的方式，逐步擴大辦理一般幼兒免學費就學及經濟弱勢幼兒免費就學，其目標有三（教育部、內政部，2010，2011）：

1. 減輕家長經濟負擔，提高入園率。

2. 提供滿5足歲至入國民小學前幼兒充足的就學機會。

3. 建構優質之教保環境，確保幼兒所受教保品質。

比較「免學費計畫」的目標與「扶持5歲幼兒教育計畫」的目標發現，「免學費計畫」是由「扶持5歲幼兒教育計畫」滾動修正而來，因兩者相似度高，均包含減輕家庭負擔、提供滿5足歲至入國民小學前幼兒充分就學機會、以及建構優質之教保環境，確保幼兒所受教保品質。兩者目標差異較明顯是「免學費計畫」更關注幼兒的入園率，因為增加幼兒園的數量後，將幼兒入園率列為政策目標是合理的且可預期的。「扶持5歲幼兒教育計畫」期望能穩定人口成長，但影響人口成長的因素很多，藉由幼兒教育計畫來穩定人口成長，似乎放大了教育的功能，且非教育的本質，故「免學費計畫」將目標修正為提高幼兒的入園率。

---

[1]　實施國幼班的14個縣市，包括桃園市（原桃園縣）、新竹縣、苗栗縣、臺中市（原臺中縣）、南投縣、嘉義縣、高雄市、屏東縣、臺東縣、花蓮縣、宜蘭縣、澎湖縣、金門縣、連江縣。

(二)「免學費計畫」的工作項目

「免學費計畫」主要工作項目包括六大項，其中與幼兒相關者包括：1.均衡並調節幼兒入園機會，如增設公立幼兒園；2.鼓勵5歲幼兒入園，如提供就學補助及經濟弱勢幼兒再加額補助、保障經濟弱勢幼兒優先就讀公立幼兒園所之機會、補助交通費，或購置、租用幼童專用車、提供課後留園服務經費；3.建構優質硬體環境與設備，如補助國幼班以及公立幼兒園充實與改善教學設備經費；4.提升師資及教學水平，如成立國幼班教學訪視與輔導小組，並辦理教學訪視與輔導事項、補助離島與偏遠地區教師教學觀摩或專業成長研習之代課費及國內差旅費、補助辦理教師專業發展活動等；5.稽核、評鑑與成效評估；6.其他行政配套等六項。

由「免學費計畫」的目標與工作項目可知，本計畫可以與國際間主要國家提供幼兒免學費教育的趨勢接軌，也可以累積國家未來的人力資本，亦有助於達成幼兒教育機會均等的理念，不僅兼顧一般地區與偏鄉、弱勢之5歲幼兒，並對偏鄉、弱勢幼兒提供加額補助，有助於社會公平正義理念的實踐；其建構優質環境設備以及提升師資及教學水平，則是促進教育品質的具體作為。龐麗娟、夏婧、張霞（2010）指出：世界主要國家提供免費教育政策的特點，是政府擬定政策推動學前免費教育，透過分階段逐步實施並以弱勢群體為優先實施的對象，如此可以促進學前教育的公平。我國「免學費計畫」是由政府主導並挹注教育經費所推動，並由先導計畫（二階段扶幼計畫）以地區弱勢、身分弱勢以及經濟弱勢的5歲幼兒為優先實施對象，再擴大為「免學費計畫」以全體5歲幼兒為對象，執行做法與世界主要國家實施免費教育的方式相近。

🙂 參、幼托整合政策

一、幼托整合的沿革

有關我國幼托整合的沿革始於1997年，期間經歷七任教育部長[2]，終於在2012年1月1日起正式施行。以下依據立法院（2009，2010，2011）、邱志鵬（2007）、教育部（2009）、教育部國教司（2011）等文獻，將幼托整合的沿革依據不同時間點執行重點，區分為以下六個階段：

(一)施政構想階段（1997年至2000年）

1997年教育部提出教育改革總體計畫綱要，指出健全幼稚教育發展，落實幼兒托教合一政策；同年12月前行政院院長蕭萬長先生指出：托兒所與幼稚園分流，就國家總體資源的應用並非經濟、有效，故請內政部與教育部研究兩者統合問題；1998年7月蕭前院長於全國社會福利會議中指示，將托兒所與幼稚園整合事宜列為優先推動的重點工作，據此展開後續幼托整合工作。

(二)初步研議階段（2000年至2003年）

2000年內政部兒童局與教育部國教司多次諮詢幼教學者、團體、業者等，提出「幼兒托育與教育整合方案（草案）」，同年底成立「幼教政策小組」討論幼托整合的定位與方向；2001年5月18日召開幼托整合推動委員會第一次會議，討論「幼托整合推動委員

---

[2] 幼托整合經歷七任教育部長，依序為林清江部長、楊朝祥部長、曾志朗部長、黃榮村部長、杜正勝部長、鄭瑞城部長、吳清基部長。

會」之性質與定位、組織運作模式及可能的配套作業；2002年9月18日第五次為委員會議，討論「幼托整合政策說明書（草案）」；至2003年11月19日第九次委員會議，確認「幼托整合政策規劃結論報告書」。

(三)政策說明階段（2004年至2005年）

2004年1月30日舉辦幼托整合政策說明會，其後辦理北、中、南、東四區公聽會。幼托整合政策說明會後，各界建議調整行政主管機關；同年11月「幼托整合（草案）」第二次專案會議，決議將學前機構行政主管機關報請行政院決定。經行政院2005年6月20日會議決議，確立幼托整合後幼兒園的行政主管機關為教育部門。

(四)法案研訂階段（2005年至2007年）

確立教育部為幼兒園主管機關後，隨即成立「幼托整合專案諮詢小組」，並於2005年10月4日召開第一次會議，決定幼托整合政策具體規劃方向，並研訂幼托整合法案，期間歷經59次會議及四次全國分區公聽會後，初步研擬「兒童教育及照顧法草案」（簡稱兒照法草案），作為幼托整合的法源。2007年2月26日將兒照法草案送行政院審核後，於同年5月23日再函送立法院審議，因各界對於法案內容仍存有疑義，故未能於立法院第六屆第六會期結束前審議通過兒照法的法案條文。

(五)澄清草案條文與確認範圍階段（2008年至2010年）

2007年12月1日全國幼兒教育工作者發起「1201為幼兒教育而走」遊行活動，要求撤回「兒照法」另行研議「幼兒園法」。因此教育部再邀集幼托機構相關團體，召開九次焦點座談會議，重新檢視不

同版本草案條文的內容，經協商後仍未能凝聚共識。2008年9月22日行政院召開幼托整合立法方向的協調會，決議採用「兒照法草案」為立法方向，並於2009年3月3日函送「兒照法草案」至立法院審議。2009年6月8日立法院第七屆第三會期教育及文化、社會福利及衛生環境委員會第1次聯席會議中，有不同委員另外提出不同版本（兒照法草案、幼兒教育及保育法草案），因此決議召開公聽會後再作審查，並於2010年5月20日立法院第七屆第五會期聯席會議中擬具「幼兒教育及照顧法草案」，確立幼托整合法案的範圍為2歲至6歲。

(六)立法與實踐階段（2011年起迄今）

2011年4月11日立法院第7屆第7會期聯席會議討論，並通過「幼照法草案」，2011年6月10日立法院三讀通過《幼兒教育及照顧法》（簡稱《幼照法》），共計8章60條，並於2012年1月1日施行。目前「幼托整合」已完成實質整合，各級政府也依據《幼照法》相關規定運作，並將幼稚園及托兒所改制統稱為幼兒園。另對於社會大眾有疑慮的條文，於2013年5月27日修正公布第10、15、43、55條條文，2014年2月24日修正公布第19條條文，以及2015年7月1日修正公布第6、7、8、18、31、53、55條條文（幼兒教育及照顧法，2015）。

歷經10餘年的波折，「幼托整合」終於進入實踐階段，雖然2012年正式實質整合至今仍有一些紛爭，如張盈堃、倪鳴香（2012）認為規定幼兒園設置廚工，對於班級人數少的幼兒園無經濟效益；3歲至6歲混齡，偏鄉地區經縣市政府許可後，可將2歲至6歲幼兒進行混齡學習，造成教保服務人員的困擾和恐懼；大班應設置兩位老師而不是至少一位教師。戴文清、孫良誠（2014）指出因成人本位思維及市場機制運作，經常忽略幼兒是教育的主體，導致公立幼兒園與私立幼兒園、學界與業界、教保員與幼教師間，不但未見整合反而加深

合反而加深彼此的歧見與鴻溝。縱使現階段仍有紛爭，但學前教育也慢慢趨向穩定發展。實踐「幼托整合」政策就如同《幼照法》第1條所言：可以保障兒童接受適當教育及照顧之權利，不會因為托教制度不同而影響幼兒接受同等品質的教保服務，且有助於健全兒童教育及照顧體系。故「幼托整合」政策，可謂我國幼兒教育發展的新里程碑。

二、幼托整合的目標與工作項目

(一)幼托整合的目標

幼托整合前，我國學前教保機構採取教育制度與社會福利制度雙軌並行的方式運作，導致學前教育與照顧的混亂現象，而透過教保制度的變革，使教育與照顧服務合併成單一制度，是整合運用國家資源、健全學前幼兒教保機構，以及提供幼兒享有同等教保品質（邱志鵬，2007）的積極作為，也是實踐以幼兒為中心，以及以兒童最佳利益為考量的有效策略。

幼托整合推動委員會基於0歲至6歲幼兒無法切割對教育與對保育的需求，以及應配合訂定專業人員認證規範與設施條件規範的共識下進行幼托整合，並期望達成以下四項目標（內政部、教育部幼托政策整合推動委員會，2003）：

1. 整合運用國家資源，健全學前幼兒教保機構。
2. 因應現代社會與家庭之教保需求。
3. 提供幼兒享有同等教保品質。
4. 確保立案幼稚園、托兒所暨合格教保人員之基本合法權益。

(二)幼托整合的工作項目

幼托整合後，我國的學前教育進入新的世代，有許多工作需陸續執行，大如法律規範的制定，小如園所名稱的調整。依據教育部（2014b）幼托整合執行情形報告指出：整合後的工作項目如下：

1. 授權訂定法規作業

幼托整合主要的法源爲《幼兒教育及照顧法》，本法於2011年6月29日公布，至今經過三次修正部分條文（幼兒教育及照顧法，2015），以符合相關團體的需求。《幼兒教育及照顧法》發布後授權訂定30項子法，其中由中央訂定《教保服務諮詢會組織及會議辦法》等22項子法；地方訂定《教保服務諮詢會組織及會議自治法規》等8項子法（教育部，2011b），如表3-3所列。

2. 園所改制作業

幼托整合前，學前教育包含幼稚園及托兒所兩種體系，幼托整合後統一改制爲幼兒園。《幼照法》第55條規定：經政府許可設立之公私立幼稚園及托兒所，應自該法施行之日起一年內，申請改制爲幼兒園。由教育部（2014b）資料顯示，至2013年12月31日止已如期完成改制幼兒園的比率達100%。

3. 在職人員職稱轉換作業

《幼照法》第56條規定：經政府許可設立之公私立幼稚園及托兒所，應於本法施行之日起一個月內，將符合規定之在職人員名冊報直轄市、縣（市）主管機關備查。幼托整合前後教保機構的在職人員轉換，包括幼稚園園長與托兒所所長轉換爲幼兒園園長；幼稚園

表3-3 《幼兒教育及照顧法》相關子法一覽表

訂定層級	子法名稱
中央	1. 教保服務諮詢會組織及會議辦法 2. 幼兒園就學費用補助辦法 3. 幼兒園與其分班設立停辦復辦及其管理辦法 4. 幼兒園與其分班基本設施設備標準 5. 非營利幼兒園辦理及考核辦法 6. 社區互助式教保服務之辦理及管理辦法 7. 幼兒園教保服務實施準則 8. 幼兒園教保活動及課程大綱 9. 中央政府補助地方政府辦理身心障礙幼兒教保服務辦法 10. 教保服務人員工作倫理守則範本 11. 幼兒園行政組織及員額編制標準 12. 幼兒園園長專業訓練辦法 13. 幼教、幼保科系培育教保員及助理教保員學程審查認定標準 14. 教保人員條例 15. 公立幼兒園以契約進用教保服務人員及其他人員辦法 16. 公立幼兒園教保人員及其他人員請假辦法 17. 幼兒園幼童專用車及其駕駛人、隨車人員之督導管理辦法 18. 幼兒園書面契約範本 19. 幼兒園招收弱勢及不利條件幼兒之協助及補助辦法 20. 幼兒園評鑑辦法 21. 幼兒園改制作業應行注意事項辦法 22. 幼兒教育及照顧法施行細則
地方	23. 教保服務諮詢會組織及會議自治法規 24. 不利條件幼兒優先入公立幼兒園自治法規 25. 公立幼兒園園長遴選聘任及聘期自治法規 26. 幼兒園辦理團體保險自治法規 27. 幼兒園家長會任務組織及運作自治法規 28. 教保服務申訴評議會組織及評議自治法規 29. 公私立幼兒園收費項目用途與退費項目基準及公立幼兒園收費基準自治法規 30. 幼兒園及其教保人員獎勵自治法規

資料來源：教育部（2011b）。

老師以及具備幼教教師證的托兒所教保人員轉換爲幼兒園教師；不具備幼教教師證的托兒所教保人員轉換爲幼兒園教保員；托兒所助理教保人員轉換爲幼兒園助理教保員。在職人員職稱轉換作業與園所改制作業併同實施，此作業確保了合格教保人員的基本合法權益。

4. 補助公立幼兒園增班設園，改善教學環境與設施設備品質

爲了達成「滿足現代社會與家庭之幼托需求」的目標，中央政府對地方政府提供的協助措施，包括：(1)補助地方政府提出的增班設園需求，不僅可以增加幼兒進入公立幼兒園的比例，也可調節城鄉差距，有助於家長就近選擇公立幼兒園；(2)改善公立幼兒園教學環境與設施設備品質，有助於滿足幼兒發展與學習需求，對於幼兒園房舍結構不符合消防安全規定者協助改善，以確保幼兒就學時的安全（教育部，2014b）。

肆、幼兒園輔導計畫

一、幼兒園輔導計畫的背景沿革

(一)掌握幼稚園評鑑後的改善與專業發展

幼稚園與托兒所的評鑑制度攸關幼兒教育正常發展與照顧服務品質，因此蔡春美、張翠娥、陳素珍（2000）將評鑑視爲是幼兒園的健康檢查。教育部（2001）提出「公私立幼稚園評鑑及獎勵實施計畫」，期望引導幼兒教育正常發展並提升幼兒教育品質，因此透過系統性的蒐集與分析資料，評判幼兒園辦學績效以作爲改進依據。孫良誠（2008）指出：幼兒園評鑑最主要目的與功能是檢視幼兒園對幼兒提供教育及照顧的現況，以維護幼兒的教保權益，進而提升對幼兒

61

教育及照顧的品質，以及促進社會大眾對幼兒教育的認識。

　　輔導計畫前，幼稚園評鑑與托兒所評鑑已行之多年，評鑑委員依據行政管理、教學與保育、衛生保健與安全等三大評鑑項目進行園所檢視（孫良誠，2008）。教育部為了接續幼稚園評鑑後續的改善事宜，於2005年擬定並規劃為期五年的「教育部補助辦理公私立幼稚園輔導計畫」（簡稱幼稚園輔導計畫），提供幼稚園與托兒所申請不同的輔導方案，一方面掌握評鑑結果不佳的幼稚園或托兒所的改善情形，另一方面採用不同的輔導方案，以提升園所的教保專業品質，並可發展園所特色（教育部，2005b，2012b）。

(二)因應幼托整合未來發展需要

　　幼稚園與托兒所的發展背景不同、兩者適用的法令不同、業務主管機關不同、提供的教保目標不同、收托幼兒年齡不同，但收托4歲至6歲幼兒年齡重疊、幼托園所服務人員的任用資格及園舍環境的規範亦不相同。行政院於2005年確立幼托整合後，幼兒園的行政主管機關為教育部門，因此教育主管機關有必要瞭解幼稚園與托兒所在實際運作上的差異，故自2006年度起至2010年度止，實施為期五年的「幼稚園輔導計畫」，提供幼稚園與托兒所輔導方案，作為幼托整合的前期準備（教育部，2005b，2012b）。

(三)推動與落實《幼兒教育及照顧法》

　　《幼兒教育及照顧法》於2011年6月29日公布，並於2012年1月1日施行，開啟我國幼兒教育的新頁。其核心內涵是保障幼兒接受教育（education）與照顧（care）兼具的服務（教育部，2014a）。《幼兒教育及照顧法》中明確規範幼兒園的設立依據、提供教保服務的內涵、教保服務人員的資格、班級人力配置的規定、安全知能與教

保知能的專業成長要求、幼兒權益的保障、家長權利義務的規範、以及幼兒園的管理等，無非就是要提供幼兒享有教育與照顧合一（educare）的服務，以支持幼兒的發展和學習。

　　2012年12月24日發布「幼兒園輔導計畫」，以臨床輔導的方式協助幼兒園改善園務的營運管理、人事規定、教保課程、環境規定、衛生安全等，以符合基礎評鑑的規定，並藉由專業發展輔導協助幼兒園建置合宜的教保環境、執行幼兒園教保活動課程暫行大綱、發展課程特色以及朝專業發展的目標邁進（教育部，2014c）。「幼兒園輔導計畫」推動的內容與《幼兒教育及照顧法》保障幼兒接受適當教育及照顧之權利，確立幼兒教育及照顧方針，健全幼兒教育及照顧體系，以促進其身心健全發展的立法目的相符。

二、輔導計畫的目的與工作項目

(一)輔導計畫的目的

　　從2006年度至2010年度推動「幼稚園輔導計畫」（第一期輔導計畫），到2012年發布的「幼兒園輔導計畫」（第二期輔導計畫）亦是政策滾動修正的結果，前後二期的輔導目的如下：

　　「幼稚園輔導計畫」目的有五項（教育部，2005b），包括：

1. 輔導立案幼稚園營運正常化，保障幼兒最佳利益，讓幼兒在安全、合法的環境學習。

2. 協助績優幼稚園發展專業特色，並提供教學觀摩與教學經驗的分享，建立幼教典範。

3. 結合幼稚園、托兒所與學術機構，輔導幼稚園、托兒所教保專業知能，提升幼教專業品質。

4. 辦理研討會使輔導經驗互相交流，凝聚輔導專業人員共識，

以建立輔導機制。

5. 建立各直轄市、縣（市）政府幼稚教育行政執行力的獎勵機制。

「幼兒園輔導計畫」的目的（教育部，2014c）包括：

1. 建立具體明確的輔導目的，逐步提升幼兒園教保服務品質。

2. 建立權責明確的輔導架構，提升輔導效能。

3. 建置各類輔導人員專業培訓制度，形塑輔導專業性。

4. 建立幼兒園及教保服務人員專業發展支持系統。

比較前後二期的輔導目的發現，第一期輔導計畫的前三項目的，統整說明在第二期輔導計畫的第一項目的中，如具體明確之輔導目標包含幼兒園正常化的經營管理，提供幼兒安全、合法的學習環境，強化教保服務人員的教學專業知能，以及協助幼兒園建立專業特色；交流輔導經驗與凝聚輔導共識，則修正為更具積極性的輔導人員專業培訓制度；第二期輔導計畫目的二建立權責明確的輔導架構，則是整合我國現行的重要輔導作為，包括基礎輔導、專業發展輔導、支持性輔導；目的三建置各類輔導人員專業培訓制度，是期望輔導人員的輔導素質能有一定的水準；目的四建立幼兒園及教保服務人員專業發展支持系統，是關注受輔一方的持續性的專業成長，目的三及目的四是計畫滾動修正後新增的項目。

(二)輔導計畫的工作項目

1. 第一期輔導計畫的工作項目主要是辦理經費補助，並採三種方案執行輔導工作：

(1) 輔導立案幼稚園經營正常化方案：由各直轄市、縣（市）政府成立輔導小組負責，針對評鑑結果不佳的幼稚園進行輔導工作，若經輔導後仍未符合相關法令規範者，依相關

法令核處。

(2) 輔導績優幼稚園發展專業特色方案：此方案以二年爲一個期程，由符合資格的學者、專家，以入園輔導的方式協助幼稚園發展特色，並於接受輔導的第二年辦理教學觀摩、分享受輔結果，以提升幼兒教育品質。

(3) 輔導幼稚園、托兒所提升教保專業方案：由符合資格的學者、專家，針對公立幼稚園或托兒所，以及已立案的私立幼稚園或托兒所，以入園輔導的方式協助受輔園所提升教學品質。

2. 第二期輔導計畫的工作項目是依據幼兒園教保發展需求，提供不同幼兒園選擇不同的輔導類別，包括基礎輔導、專業發展輔導、支持性輔導三類（教育部，2014c）：

(1) 基礎輔導：提供給尚未接受基礎評鑑，或未通過基礎評鑑之幼兒園，由地方政府負責教保服務業務之行政人員或教保輔導團團員，依據基礎評鑑指標或幼兒園提出的行政管理需求予以輔導，使受輔幼兒園能符合基礎評鑑指標及相關法令的規定。

(2) 專業發展輔導：主要目的是提升幼兒園的教保活動課程以及服務幼兒的品質。實施過程依據幼兒園發展教保課程的成熟程度，區分爲四種輔導方案：

① 適性教保輔導：輔導幼兒園依據《幼兒教育及照顧法》（2015）以及《幼兒園教保服務實施準則》（2015）第13條至第16條的規範規劃教保活動，並參考運用林佩蓉、張斯寧（2012）建構的「幼兒園課程與教學品質評估表」，建置適合幼兒學習、探索的教保環境。

② 課程大綱輔導：輔導幼兒園依據課綱研編小組所編

65

制的「幼兒園教保活動課程暫行大綱」（教育部，2013a），進行教保課程的規劃、實施與評量。

③ 特色發展輔導：輔導幼兒園發展在地化課程，或具有特色的教保活動課程。

④ 專業認證輔導：輔導幼兒園能針對園務領導、資源管理、教保活動課程、評量與輔導、安全與健康、家庭與社區等項目，提升教保專業品質（幼兒園評鑑辦法，2015），使幼兒園能具備系統化永續經營之能力。

(3) 支持性輔導：將14個縣市實施國幼班教學訪視與輔導機制納入「幼兒園輔導計畫」，並基於輔導資源不重疊的原則，排除參與專業發展輔導的幼兒園，以支持及陪伴偏鄉地區教保服務人員的方式，提供關懷與教保建議以穩定教保品質，進而協助其規劃在地課程，以及滿足學習者的需求。

3. 成立輔導團隊並進行任務編組：「幼兒園輔導計畫」是國民及學前教育署（簡稱國前署）於2012年12月24日正式發布的計畫，因輔導類別多元複雜，故依據分工權責成立不同小組辦理輔導事務以達事半功倍之效。國前署應成立的小組，包括輔導推動小組、專業發展輔導工作小組（包括適性教保輔導及特色發展輔導組、課程大綱推廣組、專業認證輔導組）、支持服務輔導工作小組、資訊宣導工作小組、研發及成效評估工作小組、分區輔導及課綱推廣工作小組等（教育部，2014c）。

伍、優質教保發展計畫

一、優質教保發展計畫的背景

(一)符應幼兒園兼具教育與照顧之功能

綜觀世界主要國家學前教育發展潮流，係提供幼兒教育及照顧兼具的服務內容。「幼托整合」目標之一是保障幼兒享有同等教保品質（邱志鵬，2007），但幼稚園與托兒所分屬不同的主管機關，受不同法令所規範。兩種不同屬性的學前教保機構，對幼兒教育與照顧服務均有需要補強及調整之處，且為了確保幼稚園與托兒所在整合前的合法權益，故訂定「優質教保發展計畫」，使幼稚園及托兒所改制為幼兒園後，能兼具教育與照顧之功能。

(二)逐步提升學前教保服務的品質

幼兒教育是其他教育階段的基礎，亦是個體終身學習的關鍵，且提升教育品質是國際上教育發展的重要趨勢，又《幼兒教育及照顧法》（2015）指出：政府為保障幼兒接受適當教育及照顧之權利，應提供幼兒優質、普及、平價及近便性之教保服務，因此「優質教保發展計畫」是以《幼兒教育及照顧法》為基礎訂定的計畫（教育部，2014a），藉此逐步提升幼兒接受教育與保育服務的品質。

二、優質教保發展計畫目標及工作項目

(一)優質教保發展計畫的目標

為了讓幼兒園兼具教育與照顧之功能，以確保幼兒接受優質的教保服務，並能逐步提升教保服務人員的教保品質，「優質教保發展計

畫」擬定下列五項目標（教育部，2014a）：

1. 提供學齡前幼兒充足且優質之教保機會。
2. 建構合宜之行政及教保設施設備，確保幼兒之健康及安全。
3. 提升教保服務人員教育及照顧兼具的專業知能，確保幼兒所受教保品質。
4. 建構支持網絡，協助家長強化育兒功能，減輕家長育兒負擔。
5. 建構數位化系統，提升政策管理及推動力。

(二)「優質教保發展計畫」的工作項目

「優質教保發展計畫」有八項主要的工作，簡介說明如下（教育部，2014a）：

1. 完善法令與行政，以健全學前教育與照顧的法律規範，並建立良好的教保制度與結構，辦理相關人員進修研習，以提升園務管理、課程執行以及倫理意識、鼓勵幼兒園建立友善的工作環境，確保合理的薪資福利，並鼓勵縣市政府成立教保輔導團，協助教保服務人員提升教保品質。
2. 擴大近便性及可及性兼具之教保服務：增加公立幼兒園與非營利幼兒園，以提供家長平價的教保服務，並提高偏鄉地區、原住民幼兒教育的供應量，以滿足幼兒就近入學的需求。
3. 確保幼兒園課程與教學品質：建立幼兒園教保活動課程大綱推廣機制，並培育宣講及輔導人員，修訂與建置相關教學資源，研訂幼兒能力評量指標，以強化教保服務人員的教保專業知能。
4. 確保弱勢地區幼兒發展：調查原住民地區及鄉鎮市立幼兒園之環境設備與服務需求，並訂定合宜的補助機制，以協助弱

勢地區幼兒發展。

5. 建構輔導—評鑑—補助系統：建構評鑑指標提供幼兒園輔導及評鑑依據，並推廣幼兒園自我檢核學習環境、班級經營、課程規劃與實施、專業發展（林佩蓉、張斯寧，2012），促進幼兒園改善教保服務品質。

6. 加強家庭與社區支持網絡：將幼教資源中心轉型為社區教保資源中心，提供教保諮詢、家長育兒支持及社區支持服務，並強化幼兒園及教保服務人員與家庭溝通，發展服務弱勢幼兒及其家庭的親職教育方案。

7. 充實環境設備：普查幼兒園環境設施設備狀況，並提供相關補助。

8. 加強政策倡導及數位網絡：透過各種形式加強對社會大眾宣導幼兒教育政策及教育理念，並建置數位平臺蒐集問題、分析資訊，成為幼教資訊傳輸的窗口。

　　由「優質教保發展計畫」工作項目的內容可以發現，該計畫連結「幼托整合」政策，讓學前教育的法制面能更趨於周全與完整；連結「幼兒園輔導計畫」，以逐步提升教保服務人員的教保品質；連結「扶幼計畫」與「免學費計畫」，以照顧弱勢幼兒的發展及受教權益，並呼應建構優質之教保環境的目標。此外，提供資源與支援以強化家長和社區的關係，並加強宣導幼兒教育政策的相關資訊，則可提升社會大眾對幼兒教育的瞭解。

　　教育品質是一個抽象的概念，會受到社會潮流與文化價值脈絡的影響，如儒家思想或民主思潮；會受到幼兒教育哲學信念的影響，如蒙特梭利（D. M. Montessori）的教育理念，重視環境、教師及教具對幼兒的影響；杜威（J. Dewey）的經驗主義主張做中學的教育思

想；馬拉古齊（L. Malaguzzi）的進步主義、建構主義、社會主義與社會服務的教育理念；或陳鶴琴的五指教學法，藉由不同的學習活動達成連貫統整的教育（盧美貴，2014）。教育品質也會受到國家教育政策的影響，如我國推動「幼托整合」政策、「幼兒園輔導計畫」等。追求教育品質是現今世界主要國家教育的發展方向，且關注教育改革的「三E」主張，即卓越（excellence）、效率（efficiency）、公平（equity）（黃昆輝、楊國賜，1998），來改善教育品質、增進學校辦學效能、強化教師教學表現，以及提升學生學習成果。OECD（2012b）指出：投資人力資本必須從幼兒教育及照顧開始，而幼兒教育及照顧的品質是影響未來效益的重要關鍵。

　　近10年我國政府對提升幼兒教育的品質，提出並執行許多教育計畫或政策，檢視計畫或政策的目標可以發現，主要共同關注的焦點是提升幼兒教育品質，如計畫目標中明確指出：建構優質教保環境、讓幼兒享有同等的幼托品質，以及提升教保品質；計畫目標也針對教保服務人員的權益訂定目標，以改善工作條件，如確保幼托人員基本合法權益，此也是影響幼兒教育品質的因素之一（Cryer, Tietze, & Wessels, 2002; OECD, 2012b）；提升教保服務人員的素質，如建立幼兒園及教保服務人員專業發展之支持系統，此有助提升教保服務人員的專業素養，進而影響課程規劃以及與幼兒互動的品質（簡楚瑛，2003；Cryer, Tietze, & Wessels, 2002; Phillips, Mekos, Scarr, McCartney, & Abbott-Shim, 2000）；透過不同輔導方案引導教保服務人員專業發展，同時也針對輔導人員進行專業培訓，除了可以建立輔導的支持架構，亦可以提升教保服務人員素質及輔導成效。可見，我國近10年推動的幼兒教育計畫或政策彼此之間能相互銜接與連結，而計畫或政策實施的重點均指向完備法令、人員培訓、改善環境、照顧弱勢等方向，期望幼兒園能健全發展以提升幼兒的教保品質。

第二篇

政策分析篇

新竹市幼托整合
實驗幼兒園綜效評估
——灰關聯分析法之應用

CHAPTER 4

☺ 壹、緒論

UNESCO（2005）指出改善幼兒早期教育與照顧，是提升教育品質的首要目標。世界重要國家或組織紛紛提出幼兒教育品質的評估標準，如美國幼兒教育協會（National Association for the Education of Young Children, NAEYC）（2005）發展幼教機構教保品質的鑑定標準；國際兒童教育協會（The Association for Childhood Education International, ACEI）（2011）建構全球評估準則（Global Guidelines Assessment, GGA）；OECD（2012b）提出影響幼兒教育品質的因素。近10年我國幼兒教育政策重要發展方向，是改善幼兒接受教育與保育服務的品質，其中「幼托整合」政策是將原本學前教保機構雙軌並行的運作方式，整併統合為單一模式，以提供幼兒享有同等的教保品質，並運用國家資源健全學前幼托機構（邱志鵬，2007；教育部，2003，2009）。

世界各國在社會急遽變遷的影響下，紛紛提出並推動各項教育行動方案來改善教育品質，而各種提升教育品質的政策方案需要經過檢視與評估，才能瞭解其達成教育目標的情形。至今政策評估已經受到不同國家與組織的重視，主因為政策評估是運用科學方法檢視資源運用的適當性，並衡量執行結果的達成程度，進而作為政策施行的依據與資源分配的手段（李允傑、丘昌泰，2009；袁振國，2010；Patton, 2002; Rossi, Lipsey, & Freeman, 2004; Shafritz & Borick, 2008）。

「幼托整合」政策是政府處理學前教育問題的積極作為，表現出政府對整治功能相近卻分屬不同主管機關的幼稚園及托兒所，以及提升幼兒教保服務品質的意志。新竹市於2007年率先進行「幼托整合」實驗，將16間托兒所（招收3歲至6歲的29個班級）整合

編入10所國民小學附設幼稚園中（12個班級）（余作輝、蔣偉民，2008），並於2008年委託學者針對幼托整合實驗幼兒園（以下簡稱實驗園）的教師及家長進行問卷調查，以瞭解實驗園的實施成效。王皓平（2009）指出：政策執行過程中利害關係人所提供的評價訊息，才能眞正反應政策執行的成果，以及該政策持續進行的正當性。可惜新竹市政府教育處委託學者進行的評估，僅以每一個單項評量的結果說明該政策執行的成效，並未從整體性觀點回應實驗園在教保品質的綜效表現。因此，筆者試圖以整體性的觀點檢視新竹市幼托整合實驗幼兒園的綜合成效。

提升幼兒教保品質是我國學前教育政策重要的施政主軸之一，故筆者以教保品質作爲評估新竹市幼托整合實驗幼兒園綜合成效的方向。教保品質的概念並非互古不變，易受到外界因素而改變，且從不同觀點定義教育品質，會使大眾對品質的概念充滿主觀性、多元性以及相對性（簡楚瑛，2006）。因此，本研究歸納國際上不同組織對幼兒教育品質的評估標準，作爲分析實驗園綜合成效表現的基礎。

新竹市以10所幼兒園進行幼托整合實驗，因實驗樣本數量少易違反量化研究的基本假定，吳政達與郭昭佑（1998）指出：灰關聯分析法（Grey Relational Analysis, GRA）可以改善傳統量性方法的缺失。吳政達（2008）指出：若以大樣本進行政策評估可採用傳統的統計方法，當樣本數過小時，可運用針對數據少所衍生的灰色系統理論之相關法解決。Tzeng與Tsaur（1994）表示，灰關聯分析法已逐漸成爲有效多屬性決策模式的方法之一；張淑卿（2001）研究發現，灰關聯分析法在各項衡量準則的整體表現上，呈現較好的表現。基於上述，本研究採灰關聯分析法評估新竹市幼托整合實驗園的綜合成效，評估資料來源是採用余作輝、蔣偉民（2008）「新竹市幼托整合實施成效評鑑研究」的結果。

☺ 貳、幼兒教育與照顧品質的評估層面與評估標準

　　社會變遷造成家庭育兒觀念的改變，也出現提供幼兒整體的、協調一致的教育與照顧服務（Haddad, 2002）。「幼托整合」是我國學前教育轉變的重要政策，新竹市政府率先試辦幼托整合實驗，並委託學者進行成效評鑑，以瞭解實驗園是否能達成提升教保品質的目標。以下就教保品質的內涵、實驗園成效評鑑實施情形，以及灰關聯分析法的概念與實徵研究說明如後。

一、幼兒教保品質的內涵

　　透過評鑑瞭解教育執行成效，一直是不同教育階段所採用的共同做法。教育部（2001）指出：評鑑目的在於引導幼兒教育正常發展並提升其品質，可見，教育評鑑是提升教育品質和增進教育績效的重要利器（吳清山，2004）。因此要藉由評鑑制度瞭解幼兒園的教保服務品質，首要工作就必須先釐清幼兒教保品質的評估層面與評估標準。

(一)教保品質的評估層面

　　教育品質從不同觀點切入會產生不同的定義，如TQM、ISO對教育品質的看法即存有差異；教育學者、現場教師、家長對於教育品質的界定亦不相同。簡楚瑛（2006）歸納六種教育品質的定義，且每一種觀點都有其立場。我國教育部委託訂定「幼兒園課程與教學品質評估表」，並從學習環境規劃、班級經營、課程規劃與實施、教保人員專業發展等四個面向，評估幼兒園課程與教學的品質（林佩蓉、張斯寧，2012）。另外《幼兒園評鑑辦法》（2015）第4條指出：評鑑類別包括基礎評鑑、專業認證評鑑，以及追蹤評鑑，其中基礎評鑑是檢視幼兒園的營運是否符合法令規範，此為教育品質的最低要求，包

括設立與營運、總務與財務管理、教保活動課程、人事管理、餐飲與衛生管理、安全管理等六項。專業認證評鑑是針對園務領導、資源管理、教保活動課程、評量與輔導、安全與健康、家庭與社區等六個類別進行教保專業品質的認證，以瞭解幼兒園在經營管理、對幼兒的教育及照顧，以及與幼兒家庭及所在社區的溝通合作，是否能提升服務品質與辦學績效。

　　世界主要國家對於提升幼兒教育品質不遺餘力，且國際間不同國家、不同組織紛紛提出幼兒教育品質應有的層面，如NAEYC（2005）對幼教機構的教育及保育品質提出：幼兒、教職人員、夥伴關係、領導和行政管理等四個層面的鑑定標準。ACEI（2011）發展教育品質的全球評估準則（GGA），包括環境與物理空間、課程內容與教學方法、幼兒教育者與照顧者、家庭和社區的夥伴關係、特殊需求兒童等五個層面。OECD（2012b）提出五項有效提升品質的關鍵要素，包括設定品質目標及規範、設計和實踐課程及標準、改善教職員資格與培訓和工作條件、家庭和社區的參與，以及促進資料的蒐集、研究和監測。澳洲政府訂定國家品質標準（NQS），包括教育計畫和實踐、兒童健康與安全、物理環境、人員安排、與幼兒的關係、與家庭和社區合作的夥伴關係、領導和服務的管理等七個層面（Department of Local Government and Communities, Government of Western Australia, 2009）。歐盟委員會提出品質架構關鍵原則（KPQF），包括服務的可取得性、幼兒教育與照顧的員工、課程、監督與評估、管理和資金等五個層面（Working Group on Early Childhood Education and Care, 2014）。依據上述國家或組織提出的教育品質概念，可以彙整爲教學與照顧層面、學習空間與環境層面、教保人員專業知能層面、家庭與社區關係層面，以及行政管理層面等五項，表4-1說明不同國家或組織在五項教保品質層面的對應情形。

表4-1　不同國家或組織幼兒教保品質之看法

層面\\機構	教學與照顧	學習空間與環境	教保人員專業知能	家庭與社區關係	行政管理
我國幼兒園評鑑	教保活動課程、評量與輔導、教學資源、安全與健康	總務管理（設施維護與公共安全）	人事制度（資格、進修）	家庭與社區	園務行政與領導（總務與財務管理、人事制度）；餐飲、衛生與安全管理；資源管理
NAEYC	建立正向關係、課程、教學、發展評估、健康	物理環境	教師（資格、專業知識、專業承諾）	家庭、社區關係	領導與管理
ACEI	課程內容與教學方法（課程設計與內容、學習教材、幼兒評量、方案評估）；特殊需求幼兒照顧	環境與物理空間	幼兒教育與照顧者（知識與表現、個人與專業特質、道德倫理）	家庭和社區夥伴關係（政策規劃、幼兒適應學校計畫、社區與家庭參與）	
OCED	設定品質目標及規範（課程規劃）；設計和實踐課程及標準（教學目標、內容與技巧）；資料蒐集與監測（評量方法與運用）	設定品質目標及規範（物理環境）	設定品質目標及規範（專業訓練、專業發展）；改善教職員資格與工作條件（教育訓練、持續性的專業發展）；資料蒐集與監測（比較不同課程、教學策略）	設計和實踐課程及標準（利害關係人參與課程、鼓勵家長提供良好的家庭環境、建立教師和家長的橋梁）；家庭與社區參與（家長參與、社區資源）	設定品質目標及規範（班級結構、薪資）；改善教職員資格與工作條件（薪資福利、合理工作負擔、員工穩定度、提供支持的管理者）

（續）

機構＼層面	教學與照顧	學習空間與環境	教保人員專業知能	家庭與社區關係	行政管理
澳洲	教育計畫和實踐、兒童健康與安全、與幼兒的關係	物理環境	人員安排（應具備知識和技能、謙恭的態度、道德情操）	與家庭和社區合作的夥伴關係	領導和服務的管理
歐盟	服務的可取得性（提供幼兒教育和照顧服務）；課程（課程規劃、教學實踐）；監督與評估		幼兒教育與照顧的員工（合格教職員工、在職訓練）	服務的可取得性（鼓勵幼兒和家庭參與社會的機會）；課程（教師與幼兒、同事及家長合作）	幼兒教育與照顧的員工（具支持性的工作環境及專業領導）；管理和資金

　　雖然不同國家或組織對教保品質的看法有所差異，但不能就此判定其在教保品質上不重視未具體指明的項目，如ACEI未明確提及行政管理，但園務運作、房舍與設施的安全維護等都需要行政上的協助，才能使幼兒在衛生安全的環境中成長；歐盟未提及學習空間與環境，但幼兒的學習規劃本應涵蓋學習空間與環境的安排，才能滿足幼兒的發展與豐富幼兒的學習。因此，依據表4-1歸納的五個層面作為幼兒教保品質應關注的面向。

(二)幼兒教育及照顧品質評估標準

　　依據前述幼兒園教保品質的五個層面，並將不同國家或組織對幼兒教保品質的內涵分析歸納如下。

1. 教學與照顧

OECD（2012b）提出兒童教育與照顧的品質，其中設計和實踐課程及標準，可以幫助教師改善（enhance）教學策略，讓父母更清楚瞭解孩子的發展。NAEYC（2005）提出十項評估標準，其中五項與幼兒有關，分別為關係、課程、教學、發展評估以及健康。後四者與教保服務人員執行課程及對幼兒提供照顧有直接相關，課程目標在提升幼兒美學、認知、情感、語言、身體和社會等領域的學習與發展；教學是以有效、適性，及符合其文化的方法增進兒童學習和發展；發展評估是與家庭溝通並考慮兒童的文化背景所進行的衡量，再依據衡量結果改善教學，讓兒童得到更好的幫助；健康則是要促進兒童的營養和健康，使兒童免於受到疾病和傷害。

ACEI（2011）發展GGA的課程內容與教學方法層面，包括課程計畫的內容反映教保服務人員的教育哲學理念；課程包含幼兒一天在幼兒園的所有經驗、例行活動與人際互動；課程的規劃需以幼兒為中心，課程內容需關注幼兒的生理、認知、語言、創造力及社會情緒的發展，並合乎幼兒的經驗與文化；要培養有能力、具關懷及同理心的世界公民；幼兒園除了提供一般幼兒教保服務外，也需提供特殊需求幼兒教育及照顧服務。另教學與照顧需考量學習者特質的特殊需求兒童層面，針對特殊需求幼兒（身心障礙、疾病、發展遲緩或特殊技能者）應開發其潛能，讓有特殊需求的幼兒，能易於接受公平的服務，並能持續降低他們對特殊服務的需求。

澳洲政府發展的NQS指出教學需增強幼兒的發展，課程規劃應考量幼兒能力、興趣和經驗，並保護每位孩子的健康與安全，且公平對待每一個孩子（Department of Local Government and Communities, Government of Western Australia, 2009）。歐盟委員會提出的KPQF認為課程規劃需根據教學目標、教育價值以及教學方法，使幼兒能充

分發揮潛能（Working Group on Early Childhood Education and Care,
2014）。林佩蓉、張斯寧（2012）提出課程規劃與實施層面，包括
課程與教學規劃、教學實施、學習評量與教學評鑑，以及班級經營層
面下的作息規劃、常規制定與執行、幼兒行為輔導，以及幼兒的教學
與照顧等。

2. 學習環境與空間

物理環境是指提供安全、健康、適當、維護良好的室內外環境
（包括設施、設備和材料），以促進兒童的學習與發展（NAEYC,
2005; OECD, 2012b）。ACEI（2011）與澳洲政府提出的NQS（De-
partment of Local Government and Communities, Government of West-
ern Australia, 2009）指出，環境空間的內含包括提供幼兒生理與心
理安全的學習環境，以減少他們在學習上的阻礙，並且提供幼兒適
合操作、遊戲探索的環境，及營造（be organized）多樣化的學習經
驗，讓不同種族、性別、階層與特殊需求的幼兒，可以彼此學習；
環境中的資源要能反映文化的經驗與家庭的傳統。林佩蓉、張斯寧
（2012）則提出學習環境規劃層面，包括學習區的整體規劃與分區
規劃、學習區的教師角色，以及各學習區的規劃原則；班級經營層面
的班級文化等。

3. 教保人員專業知能

教師教學的專業表現會直接影響學生的學習表現，而提升教師專
業素養，才能提高教育品質。簡楚瑛（2003）指出：各國在討論幼
兒教保品質常會涉及師生比、人員素質及訓練，而教師專業被視為是
教育改革成功的關鍵（黃嘉莉，2003，2006）。OECD（2012b）指
出改善教職員資格、培訓和工作條件，可使教保人員在兒童健康、發

展以及學習上扮演關鍵的角色，而教職員的專業化表現更可以提高兒童教育與照顧的品質。

　　NAEYC（2005）認為教保人員專業知能，需促進幼兒與成人間的良好關係，讓幼兒知覺個人價值以及對社區的歸屬感，並培育每一個孩子成為能貢獻社會的人。NAEYC提出此項評量標準屬於教育價值或教育理想層次，故將其歸納在教保人員專業倫理的層面下；另教職人員指教師需具備的資格、專業知識，以及能促進兒童學習與發展，並支持家庭需求。ACEI（2011）則認為教保人員需具有專業的知識、態度與技能，應展現接納、同理心和溫暖的個人特質，以及回應幼兒需求、發展自我價值，支持幼兒學習，並能遵守教保人員的倫理規範，才能勝任教育和照顧幼兒的艱鉅任務。澳洲NQS認為教保人員要促進並支持幼兒的發展和學習，並具有謙恭的態度和道德情操（Department of Local Government and Communities, Government of Western Australia, 2009）。歐盟委員會提出的KPQF認為，教保人員需經過合格培訓以及在職訓練才能發揮專業角色（Working Group on Early Childhood Education and Care, 2014）。林佩蓉、張斯寧（2012）對於教保人員專業知能，包括班級經營層面的師生關係及同儕關係；教保人員專業發展層面的專業態度與專業發展。

4. 家庭與社區關係

　　家庭、幼兒園及社區對幼兒成長與發展扮演重要的角色，幼兒園要達成教育目標，需要每一個家庭都能給予幼兒良好的家庭教育，而社區對幼兒也提供許多教育的功能，可見家庭和社區是幼兒園重要的社會資源（蔡春美，2013）。教保人員應建立與經營親師關係（林佩蓉、張斯寧，2012），並將家長和社區視為是共同合作的夥伴，以促進兒童的學習與發展（OECD, 2012b）。Ohio教學專業標準指出

老師應與學生、家長、同事、行政人員及社區合作與溝通，以支持學生的學習（New Jersey Department of Education, 2014; Ohio Department of Education, 2014）。

NAEYC（2005）指出兒童的學習與發展和家庭密切相關，因此瞭解兒童的家庭組成、尊重家庭文化，並建立和維持與兒童家庭的合作關係，有助於兒童發展；此外，建立與社區的關係，將社區資源引進幼兒園及家庭，能夠促進兒童的健康發展與學習。ACEI（2011）指出家庭和社區的夥伴關係，包括合作規範、道德責任與行為、親職教育訓練和資源提供、幼兒適應學校計畫、社區與家庭參與機會。NQS指出家庭和社區合作關係，包括尊敬並支持與家庭的關係、尊重家長養育幼兒的價值信念，與社區合作並參與社區（Department of Local Government and Communities, Government of Western Australia, 2009）。KPQF認為提供並鼓勵幼兒和家庭參與社會的機會，可以強化社會的包容性並接納家庭的多樣性（Working Group on Early Childhood Education and Care, 2014）。

5. 行政管理

OECD（2012b）指出設定品質目標與規範，以及蒐集資料、研究和監測等兩個層面與行政管理有關。設定品質目標及規範有助於調整資源的分配，促進更多以兒童為中心的服務，並提供家長選擇的資訊；蒐集資料、研究和監測可以提供以證據為基礎（evidence-based）的決策參考，引導政府對各部門的管理，且是持續改進服務的有力（powerful）工具。而在教育與照顧品質最低標準中，師生比、班級團體大小、教職員的薪水、教職員性別等，均屬於幼兒園人事經營管理的範疇。行政管理層面應有效地執行計畫、促使人事穩定，並訂定財務的管理計畫，使所有的兒童、家庭、員工能感受擁

有良好的品質（NAEYC, 2005）。NQS指出有效的領導可提升積極的組織文化，建立專業的學習社群，進而提供優質服務（Department of Local Government and Communities, Government of Western Australia, 2009）。

二、新竹市實驗園成效評鑑實施、內容與結果

(一)成效評鑑的實施方式

新竹市幼托整合實驗幼兒園成效評鑑是採用背景（context）、輸入（input）、過程（process）、結果（product）模式（即CIPP模式）進行成效評鑑，其以問卷調查及實地訪評兩種方式進行資料蒐集。問卷調查工具是研究人員，包括業務承辦科主管及承辦人員四名、國小校長一名、幼稚園園長一名、幼教老師一名、學者一名，依據新竹市政府幼托整合實驗目的共同討論後編制而成。實地訪評則由四人組成訪視小組（業務承辦科科長與國小校長訪視實驗園的背景及行政管理；幼稚園園長及幼教教師訪視教保活動），並運用「幼托整合園所訪視表」瞭解實驗園的實施狀況，訪視蒐集的資料包括園所基本資料（表4-2）、背景評鑑、行政管理、教保活動等四項，以瞭解幼兒園的運作情形。

問卷調查對象包括實驗園的教保服務人員以及家長，分別以「幼托整合教師意見調查表」及「幼托整合家長意見調查表」進行資料蒐集，以瞭解教保服務人員及家長對實驗園在幼托整合後的實際感受。「教師意見調查」蒐集的資料包括組織認同、團隊凝聚力、工作投入與適應、環境與權益、幼托政策等五項；「家長意見調查表」蒐集的資料，包含行政措施、教學環境及設備品質、教保品質、幼托整合比較等四項。

依據《幼照法》第18條規定：3歲以上至入國民小學前幼兒每班

以30人爲限，每班招收幼兒15人以下者應置教保服務人員1人，16人以上者應置教保服務人員2人。另外，依據《幼兒園及其分班基本設施設備標準》（2012）規定，每人室內活動空間不得小於2.5平方公尺；幼兒每人室外活動空間面積不得小於3平方公尺。由表4-2可知，10所實驗園在師生比及每位幼兒的活動空間均符合相關規定。

表4-2　實驗園基本資料

	幼生數	教保服務人數	室內面積（M²）	室外面積（M²）
忠小附幼	81	6	297	309
孝小附幼	78	6	484	101.6
仁小附幼	82	6	220	154
愛小附幼	101	8	388	100
信小附幼	94	8	360	410
義小附幼	75	6	381.1	337.5
和小附幼	82	6	300	435
平小附幼	56	4	342	240
禮小附幼	52	4	413.8	121.2
廉小附幼	110	8	1,443.8	1,303.2

註：整理自余作輝、蔣偉民（2008）。

(二)成效評鑑內容項目之意涵

實驗園成效評鑑是採用幼兒園實地訪評及問卷調查（包含教師及家長）的方式蒐集成效評鑑項目的訊息，其調查內容說明如下：

1. 實地訪評項目

實地訪評的項目分爲背景評鑑、行政管理、教保活動及專業發展

等四個層面，每一個層面訪評項目的內容意涵如下：

(1) 背景評鑑：包括：①政策內容：實驗園相關人員對幼托整合政策內容瞭解與認同情形；②空間選定：係對實驗園的空間環境進行評估；③經費及人員：評估經費評估、改善時程，以及人員質量。

(2) 行政管理：包括：①經費效益：指經費的執行情形；②環境設備：指教室的條件與規劃、遊戲設施設備的安全與衛生；③行政支援：行政體系對校長、園長、與教保服務人員人事的支持；④教保融入：對學校文化、領導的認同與工作投入；⑤人事管理：差假管理與相關的諮詢服務。

(3) 教保活動：包括：①課程教學：指課程設計、教學與評量；②班級經營：指師生的互動態度、幼兒生活常規的學習與表現，及親師互動情形；③教學情境規劃：教保服務人員在教學情境、設施與空間的設計規劃。

(4) 專業發展：指幼兒園團隊在專業成長上的表現。

2. **教師意見調查項目**

實地訪評小組針對實驗園的教保服務人員進行問卷調查，調查項目內容如下：

(1) 組織認同：瞭解學校願景與教育目標，以及對學校的向心力。

(2) 團隊凝聚力：同儕之間的協助與支持。

(3) 工作投入與適應：教保服務人員工作的成就感與對自身能力的檢視。

(4) 環境與權益：人事管理的組織氣氛，以及對幼兒園物理環境的管理。

(5) 幼托政策：對實施幼托整合的支持與瞭解情形。

3. 家長意見調查項目

針對家長進行問卷調查的項目內容，說明如下：

(1) 行政措施：意指幼兒園與家長溝通幼托整合政策的做法。

(2) 教學環境及設備：對教學環境及設備品質的感受。

(3) 教保品質：對教學活動及照顧品質的感受。

(4) 幼托整合比較：家長對政策的看法及配合教學情形。

　　前述幼兒教育及照顧品質的五層面與實驗園21個成效評鑑項目進行對應（如表4-3），並依據評鑑項目的內容意涵歸納發現，行政管理包括八個評鑑項目；教保人員專業知能以及教學與照顧，各有四個評鑑項目；學習空間與環境有三個評鑑項目、家庭與社區關係有二個評鑑項目。

表4-3　幼兒教育及照顧品質與實驗園成效評鑑項目對應表

資料蒐集方式\品質層面	實地訪評	教師意見調查	家長意見調查
學習空間與環境	空間選定 環境設備		教學環境及設備
教保人員專業知能	政策內容 專業成長	工作投入與適應 幼托政策	
與家庭和社區關係			行政措施 幼托整合比較
教學與照顧	課程教學 班級經營 教學情境規劃		教保品質
行政管理	經費及人員 經費效益 行政支援 教保融入 人事管理	團隊凝聚力 組織認同 環境與權益	

(三)實驗園成效評鑑結果

1. 實地訪評方面，10所實驗園在「行政管理」下的經費執行效益、行政協調、人事管理、學校文化、園長領導認同與工作投入等項目的差異達顯著水準；在「教保活動」的課程設計、教學評量、師生互動、常規學習、親師互動、教學情境規劃，以及專業成長等項目上的差異達顯著水準。

2. 在教師意見調查方面，10所實驗園在工作投入與適應、環境與權益、幼托政策三個項目的差異達顯著水準，但就教師整體的滿意度未達顯著水準。

3. 在家長意見調查方面，家長對實驗園整合後的看法傾向滿意，但各項目之間的差異並未達顯著水準。

新竹市政府委託進行的成效評鑑分析，雖有呈現10所實驗園在各個評鑑項目的事後比較結果，但仍無法真正瞭解實驗園在21個成效評鑑項目的整體表現。另外，OECD（2012b）指出師生比是影響教保品質的重要因素，因此本研究運用灰關聯分析法重新分析實驗園的21個成效評鑑項目，再加上實驗園師生比的情形，用以說明10所實驗園在22個成效評鑑項目的整體綜效表現。

三、灰關聯分析法的理論基礎與實徵研究

灰色理論主要是建構灰色模式來做預測及決策（江金山等人，1998；鄧聚龍、郭洪，1996），該理論是1982年由鄧聚龍教授發展出來的，此理論主要針對科統模型具有不確定性（uncertainty）、多變量輸入（multi-input）、離散的數據（discrete data）及數據不完整時，進行關於科統之關聯分析（relational analysis）、模型建構（constructing a model）、預測（prediction）及決策（decision）等

研究方法，其中灰關聯分析法具有少數數據及多因素分析的功能（吳漢雄、鄧聚龍、溫坤禮，1996）。

　　進入臺灣碩博士論文系統，並以「灰關聯分析」為關鍵字進行查詢，發現研究範疇包括企業管理、金融、科技、環保、食品、交通、教育、社會、資訊、工程等；搜尋不同期刊論文，運用灰關聯分析進行研究包括：組織經營績效或聲望評估（林士彥，2004a，2004b；林士彥、黃宗成，2005；劉金鳳、林文晟、蘇育玲、劉中平，2004）、評選應用（顏榮祥、張子明，2002；林士彥、鄭健雄，2005）、健康體育（陳一進，2004）、競爭力分析（黃承傳、戴輝煌，2008）。教育領域亦陸續有學者採用灰關聯分析法進行研究，如吳政達與郭昭佑（1998）分析輔導工作計畫的成效評估；陳健彬（2003）分析國小各學科評量與多元能力的關聯；陳芃婷、李宗耀、虞孝成與曾國雄（2003）分析大學教師績效評鑑模型；王元仁、李分明與張永富（2004）探討教學行政主管情緒智慧和衝突管理的關係；李正忠與李妍蓉（2012）則分析教學服務品質與學習滿意度的關聯情形。而依據林士彥（2004a）彙整的資料顯示，灰關聯分析法適合應用於績效的評估，且應用灰關聯分析法與主成分分析所得結果非常相近。吳政達、郭昭佑則指出灰關聯的量性方法與定性分析結果符合，對於教育政策評估有實用價值。

☺ 參、研究方法

一、次級資料分析

　　本研究針對新竹市10所幼托整合實驗園為評估的對象，以瞭解實驗園在幼兒教育及照顧品質的綜效表現，評估資料來源為新竹市

政府委託進行實地訪評與問卷調查的結果。蔡勇美、廖培珊與林南（2007）指出次級資料分析是運用既有的統計資料，針對主題或符合研究目的的特定變數進行觀察值分析，無需設計研究工具蒐集資料，其統計資料來源包括政府的統計數據或大型學術資料庫。可見，次級資料可提供便捷、經濟的方法，就原始研究蒐集的資料，進行問題的探究與分析（董旭英、黃儀娟，2000）。

茲將幼兒教育及照顧品質的五個層面、實驗園21個成效評鑑項目，以及實驗園師生比進行對應，並代入各項目評估結果的平均數。進一步將10所實驗園成效評鑑項目所得的平均值相加，作為新竹市實驗園原始幼兒教保品質的整體成效。發現實驗園整體成效表現由高至低的順序，依序為忠小附幼、信小附幼、禮小附幼、仁小附幼、平小附幼、和小附幼、愛小附幼、廉小附幼、義小附幼、孝小附幼，如表4-4。

灰關聯分析法已成為多屬性決策分析模式的一種有效方法（Tzeng, Tsaur, 1994），且整體衡量準則的表現較佳（張淑卿，2001）。因此，本研究透過次級資料並運用灰關聯分析法，重新評估新竹市幼托整合實驗園在教保品質各項評估準則的整體成效表現。

二、灰關聯分析法

灰關聯分析法是測度離散序列間相關程度的方法，可衡量各因子間關聯程度，其基本概念是根據序列曲線幾何形狀的相似程度來判斷其關係是否緊密；此方法能處理不確定及不完整的訊息，且計算過程簡單，不需龐大的數據資料，且條件限制較傳統量性分析的理論寬鬆等優點（江金山等人，1998；張偉哲、溫坤禮、張廷政，2000；劉思峰、黨耀國、方志耕、謝乃明，2010）。以下說明灰關聯分析法

表4-4 實驗園成效評估項目與各項目評估結果

教育及照顧品質		實驗園									
層面	項目	忠	孝	仁	愛	信	義	和	平	禮	廉
教保人員專業知能	政策內容	4.00	3.80	4.20	4.40	4.40	4.00	4.20	4.60	4.60	4.20
	專業成長	18.50	1.50	14.50	7.50	18.50	7.50	7.50	7.50	14.50	7.50
	工作投入	3.83	3.61	3.56	3.35	3.77	3.17	2.83	3.54	4.08	3.83
	幼托政策	2.27	3.43	3.10	2.93	2.96	3.12	3.50	3.15	3.15	2.80
學習空間與環境	空間選定	4.25	4.25	4.00	4.50	4.75	4.25	4.25	3.75	5.00	4.25
	環境設備	4.75	3.88	4.38	4.13	4.50	4.00	4.38	4.38	5.00	4.63
	教學環境	4.29	4.07	4.09	4.17	4.35	4.00	3.89	4.19	4.27	3.98
人際關係	行政措施	4.18	4.31	4.11	4.12	4.13	4.10	4.15	4.20	4.12	4.10
	整合比較	4.11	3.99	4.04	4.04	4.14	3.98	4.03	4.10	4.12	3.97
課程教學與保育	課程教學	5.00	1.88	4.13	3.25	3.88	1.88	2.25	2.00	3.88	2.00
	班級經營	5.00	2.29	4.29	3.71	4.57	2.86	3.57	2.71	4.57	3.43
	情境規劃	4.67	2.50	3.67	3.00	4.83	2.83	3.67	3.67	4.33	3.83
	教保品質	4.49	4.19	4.29	4.21	4.37	4.17	4.38	4.28	4.42	4.26
行政管理	經費人員	3.75	4.25	4.25	4.25	3.75	4.00	4.00	3.75	4.00	3.75
	經費效益	4.80	2.80	4.20	4.00	4.60	4.00	4.20	4.00	4.20	3.00
	行政支援	5.00	3.40	4.60	3.20	4.80	4.00	4.40	3.80	4.20	3.40
	教保融入	5.00	3.00	5.00	3.50	5.00	4.00	4.00	3.50	4.75	3.50
	人事管理	5.00	3.67	3.67	4.33	4.00	3.67	3.33	4.67	4.00	3.00
	凝聚力	4.21	3.54	3.67	3.22	4.70	3.75	3.38	3.63	3.75	3.25
	組織認同	3.83	3.33	3.58	3.31	4.05	3.60	2.75	3.81	3.88	3.75
	環境權益	2.61	3.36	3.03	2.65	3.43	3.43	3.67	3.42	3.79	3.50
師生比		13.50	13.00	13.67	12.63	11.75	12.50	13.67	14.00	13.00	13.75
平均數總和		117.04	84.05	108.03	94.4	115.23	92.81	96	96.65	111.61	93.68
順序		1	10	4	7	2	9	6	5	3	8

資料來源：整理自余作輝、蔣偉民（2008）。

的步驟：

1. 找出參考序列與比較序列：參考序列$x_0(k)$是由各項評估項目的理想目標值所組成的集合，比較數列$x_1(k)$表示不同評估對象在各評估項目上的表現情形。

2. 原始矩陣數據正規化：正規化方式包括望大、望目及望小三種方法，同時需檢視各序列的可比性是否滿足無因次性（non-dimension），即序列因子不具有單位；同等級性（scaling）即序列因子的值大小範圍，應在10的平方以內；同極性（polarization）即序列因子的描述應為同方向等三個條件。

(1) 數值望大的正規化

$$x_{ij}^* = \frac{x_{ij} - \min x_{ij}}{\max x_{ij} - \min x_{ij}}$$

(2) 數值望目（目標值x_{obj}）的正規化

$$x_{ij}^* = \frac{|x_{ij} - x_{obj}|}{\max x_{ij} - \min x_{ij}}$$

(3) 數值望小的正規化

$$x_{ij}^* = \frac{\max x_{ij} - x_{ij}}{\max x_{ij} - \min x_{ij}}$$

3. 求取序列差：此為正規化後的參考序列與正規化後的比較序列之間的差距。

$$\Delta_{oi} = \| x_0(k) - x_1(k) \|$$

4. 計算灰關聯係數：其中ζ為辨識係數（distinguishing coefficient），主要功能可作為背景值和待測量物之間的對比。數值大小可依實際需要調整，一般 ζ 取0.5，$\zeta \in [0, 1]$。

$$\gamma(x_0(k), x_1(k)) = \frac{\Delta \min + \xi \Delta \max}{\Delta_{oi} + \xi \Delta \max}$$

5. 灰關聯度：求得的關聯係數後乘上權重後所得之加權平均，即為灰關聯度。若各因子權重相等，則以灰關聯係數的平均值作為灰關聯度，此時 $\sum_{\kappa=1}^{n} \beta_{\kappa} = 1$。

$$\gamma(\chi_i, \chi_j) = \sum_{\kappa=1}^{n} \beta_{\kappa} \gamma\left(\chi_i(\kappa), \chi_j(\kappa)\right)$$

6. 灰關聯序：灰關聯度表示兩個序列的關聯程度，將m個比較序列對同一個參考序列的灰關聯度之數值大小加以排序後，所組成的大小關係，便稱為灰關聯序，而灰關聯序是問題分析的關鍵（吳政達、郭昭佑，1998）。

肆、研究結果與討論

一、研究結果

由表4-4找出22項教保品質成效評鑑項目表現最佳的數值作為參考序列（χ_0），以進一步作為比較實驗園成效表現的基礎，其中師生比比值較低者，表示老師對於幼兒教育及照顧的品質較佳，故將數值以望小的方式進行正規化處理。經正規化後，10所實驗園師生比的數值（忠 = 0.222；孝 = 0.444；仁 = 0.147；愛 = 0.609；信 = 1；

義 = 0.667；和 = 0.147；平 = 0.000；禮 = 0.444；廉 = 0.111），並以1作為參考序列的比較基礎。故參考序列χ_0 =（政策內容 = 4.60；專業成長 = 18.50；工作投入 = 4.08；幼托政策 = 3.50；空間選定 = 5.00；環境設備 = 5.00；教學環境設備 = 4.35；團隊凝聚力 = 4.70；行政措施 = 4.31；幼托整合比較 = 4.14；課程教學 = 5.00；班級經營 = 5.00；情境規劃 = 4.83；教保品質 = 4.49；經費人員 = 4.25；經費效益 = 4.80；行政支援 = 5.00；教保融入 = 5.00；人事管理 = 5.00；組織認同 = 4.05；環境與權益 = 3.79；師生比 = 1）。

因灰關聯分析法是衡量離散序列間相關程度的測度方法，其所建構之序列需要滿足無因次性、同等級性、同極性三個條件。由表4-4顯示22個評估項目均符合上述三個條件，表4-5則為各比較序列與參考序列的差距值。

因辨識係數（ζ）介於0與1之間，一般將辨識係數設定為0.5，故本研究以ζ = 0.5為基礎，求取10所實驗園在22項評鑑項目的灰關聯係數，計算結果如表4-6所示。

將22項成效評鑑項目均設定為等權（$\sum_{\kappa=1}^{n}\beta_\kappa = 1$），並依據表4-6所求得的灰關聯係數，進一步求得灰關聯度以及灰關聯序。灰關聯度的數值愈大者，表示成效評估的結果愈佳；反之，灰關聯度的數值愈小者，表示成效評估的結果愈差。再將求得的關聯係數後乘上權重後，即為灰關聯度。10所實驗園的成效表現（灰關聯度）由高至低的順序，依次為：信小附幼（0.874）、忠小附幼（0.868）、禮小附幼（0.817）、仁小附幼（0.735）、平小附幼（0.69）、和小附幼（0.679）、愛小附幼（0.672）、義小附幼（0.66）、廉小附幼（0.653）、孝小附幼（0.642），如表4-7所示。

表4-5 實驗園之各比較序列與參考序列的差距值

項目＼實驗園	忠	孝	仁	愛	信	義	和	平	禮	廉
政策內容	0.60	0.80	0.40	0.20	0.20	0.60	0.40	0.00	0.00	0.40
專業成長	0.00	17.00	4.00	11.00	0.00	11.00	11.00	11.00	4.00	11.00
工作投入	0.25	0.47	0.52	0.73	0.31	0.91	1.25	0.54	0.00	0.25
幼托政策	1.23	0.07	0.40	0.57	0.54	0.38	0.00	0.35	0.35	0.70
空間選定	0.75	0.75	1.00	0.50	0.25	0.75	0.75	1.25	0.00	0.75
環境設備	0.25	1.12	0.62	0.87	0.50	1.00	0.62	0.62	0.00	0.37
教學環境	0.06	0.28	0.26	0.18	0.00	0.35	0.46	0.16	0.08	0.37
行政措施	0.13	0.00	0.20	0.19	0.18	0.21	0.16	0.11	0.19	0.21
整合比較	0.03	0.15	0.10	0.10	0.00	0.16	0.11	0.04	0.02	0.17
課程教學	0.00	3.12	0.87	1.75	1.12	3.12	2.75	3.00	1.12	3.00
班級經營	0.00	2.71	0.71	1.29	0.43	2.14	1.43	2.29	0.43	1.57
情境規劃	0.16	2.33	1.16	1.83	0.00	2.00	1.16	1.16	0.50	1.00
教保品質	0.00	0.30	0.20	0.28	0.12	0.32	0.11	0.21	0.07	0.23
經費人員	0.50	0.00	0.00	0.00	0.50	0.25	0.25	0.50	0.25	0.50
經費效益	0.00	2.00	0.60	0.80	0.20	0.80	0.60	0.80	0.60	1.80
行政支援	0.00	1.60	0.40	1.80	0.20	1.00	0.60	1.20	0.80	1.60
教保融入	0.00	2.00	0.00	1.50	0.00	1.00	1.00	1.50	0.25	1.50
人事管理	0.00	1.33	1.33	0.67	1.00	1.33	1.67	0.33	1.00	2.00
凝聚力	0.49	1.16	1.03	1.48	0.00	0.95	1.32	1.07	0.95	1.45
組織認同	0.22	0.72	0.47	0.74	0.00	0.45	1.30	0.24	0.17	0.30
環境權益	1.18	0.43	0.76	1.14	0.36	0.36	0.12	0.37	0.00	0.29
師生比	0.78	0.56	0.85	0.39	0.00	0.33	0.85	1.00	0.56	0.89

表4-6　實驗園之灰關聯係數值

項目＼實驗園	忠	孝	仁	愛	信	義	和	平	禮	廉
政策內容	0.72	0.66	0.80	0.89	0.89	0.72	0.80	1.00	1.00	0.80
專業成長	1.00	0.08	0.28	0.12	1.00	0.12	0.12	0.12	0.28	0.12
工作投入	0.86	0.77	0.75	0.68	0.83	0.63	0.56	0.74	1.00	0.86
幼托政策	0.56	0.96	0.80	0.73	0.74	0.80	1.00	0.82	0.82	0.69
空間選定	0.68	0.68	0.61	0.76	0.86	0.68	0.68	0.56	1.00	0.68
環境設備	0.86	0.58	0.72	0.64	0.76	0.61	0.72	0.72	1.00	0.81
教學環境	0.96	0.85	0.86	0.90	1.00	0.82	0.77	0.91	0.95	0.81
行政措施	0.92	1.00	0.89	0.89	0.90	0.88	0.91	0.93	0.89	0.88
整合比較	0.98	0.91	0.94	0.94	1.00	0.91	0.93	0.98	0.99	0.90
課程教學	1.00	0.33	0.64	0.47	0.58	0.33	0.36	0.34	0.58	0.34
班級經營	1.00	0.37	0.69	0.55	0.78	0.42	0.52	0.41	0.78	0.50
情境規劃	0.91	0.4	0.57	0.46	1.00	0.44	0.57	0.57	0.76	0.61
教保品質	1.00	0.84	0.89	0.85	0.93	0.83	0.93	0.88	0.96	0.87
經費人員	0.76	1.00	1.00	1.00	0.76	0.86	0.86	0.76	0.86	0.76
經費效益	1.00	0.44	0.72	0.66	0.89	0.66	0.72	0.66	0.72	0.46
行政支援	1.00	0.49	0.80	0.46	0.89	0.61	0.72	0.57	0.66	0.49
教保融入	1.00	0.44	1.00	0.51	1.00	0.61	0.61	0.51	0.86	0.51
人事管理	1.00	0.54	0.54	0.70	0.61	0.54	0.48	0.83	0.61	0.44
凝聚力	0.76	0.57	0.60	0.51	1.00	0.62	0.54	0.59	0.62	0.52
組織認同	0.88	0.68	0.77	0.68	1.00	0.78	0.55	0.87	0.90	0.84
環境權益	0.57	0.78	0.67	0.58	0.81	0.81	0.93	0.81	1.00	0.84
師生比	0.67	0.74	0.65	0.80	1.00	0.82	0.65	0.61	0.74	0.64

表4-7　實驗園之灰關聯度及灰關聯序

實驗園 灰關聯	忠	孝	仁	愛	信	義	和	平	禮	廉
灰關聯度	0.868	0.642	0.735	0.672	0.874	0.660	0.679	0.690	0.817	0.653
灰關聯序	2	10	4	7	1	8	6	5	3	9

二、綜合討論

　　本研究以22項幼兒教保品質評估項目的最大值，作為參考序列的參照值，比較10所實驗園的差距，經局部性灰關聯度計算後，實驗園在幼兒教育及照顧品質評估項目的成效表現，其表現最佳的前三名依序為信小附幼、忠小附幼、禮小附幼。若將表4-4中的22項成效評鑑項目的平均值相加後，總分最高的前三名依序為忠小附幼、信小附幼、禮小附幼，第一順序與第二順序互換；另外，義小附幼、廉小附幼的順序也產生互換（第八順位與第九順位），其餘順序則維持不變。經灰關聯分析顯示：10所實驗園排序結果與原始平均數加總結果並不完全相同，如表4-8所示。

表4-8　成效評估項目平均值和與灰關聯度順序比較

	忠	孝	仁	愛	信	義	和	平	禮	廉
平均值和	117.04	84.05	108.03	94.4	115.23	92.81	96	96.65	111.61	93.68
排序	1	10	4	7	2	9	6	5	3	8
灰關聯度	0.868	0.642	0.735	0.672	0.874	0.660	0.679	0.690	0.817	0.653
灰關聯序	2	10	4	7	1	8	6	5	3	9

　　幼兒教保品質共五個層面，22個評估項目。若分別就五個層面的評估項目進行灰關聯分析與平均數和的比較，發現在「教保人員專業知能」層面，10所實驗園的灰關聯序與四個項目平均數加總的排序完全相同，表現最佳的前三名幼兒園，由高至低依序為信小附幼、忠小附幼、禮小附幼。「學習空間與環境」層面的灰關聯序與三項平均數排序不完全相同，但前三名幼兒園排序則相同，依序為禮小附幼、信小附幼、忠小附幼。「與家庭和社區關係」層面的灰關聯序與二項平均數排序不全然相同，依灰關聯序表現最佳的前三名，依序為孝小附幼、信小附幼、忠小附幼；依平均數排序最佳的前三名，依序為孝小附幼、平小附幼、忠小附幼。「課程教學與保育」層面的灰關聯序與四個評估項目平均數排序不完全相同，但最佳的前三名幼兒園排序則相同，依序為忠小附幼、信小附幼、禮小附幼。「行政管理」層面的灰關聯序與八個評估項目平均數排序並非全然相同，依灰關聯序表現最佳的前三名，依序為忠小附幼、信小附幼、禮小附幼；依平均數排序最佳的前三名，依序為信小附幼、忠小附幼、禮小附幼。師生比的排序以信小附幼、義小附幼、愛小附幼三所實驗園的表現最佳，詳如表4-9。

　　就幼兒教保品質五個層面而言，忠小附幼無論是採用灰關聯序或是各評估項目平均數加總後的排序，在幼兒教保品質的五個層面上，其排序均在前三名，排序一致性達0.8（一致性的層面數／五個層面）；其次為信小附幼，僅家庭與社區關係平均數的排序落入第四，其餘層面排序均在前三名，排序一致性達0.6；禮小附幼在家庭和社區關係的灰關聯序，以及平均數的排序均為第五，其餘層面排序均在前三名，排序一致性完全相同。綜合觀之，忠小附幼、信小附幼與禮小附幼，能兼顧幼兒教保品質的五個層面，並未偏廢任何一項，尤其信小附幼亦提供較好的師生比（平均一位老師帶11.75位幼兒），

表4-9　實驗園與幼兒教育及照顧品質各項目分析

層面	幼兒園	忠	孝	仁	愛	信	義	和	平	禮	廉
教保人員專業知能	關聯度（關聯序）	0.945 (2)	0.797 (10)	0.883 (4)	0.818 (7)	0.971 (1)	0.808 (9)	0.816 (8)	0.834 (5)	0.91 (3)	0.822 (6)
	平均數和（排序）	28.6 (2)	12.34 (10)	25.36 (4)	18.18 (7)	29.63 (1)	17.79 (9)	18.03 (8)	18.79 (5)	26.33 (3)	18.33 (6)
學習空間與環境	關聯度（關聯序）	0.694 (3)	0.501 (9)	0.531 (7)	0.583 (4)	0.757 (2)	0.493 (10)	0.511 (8)	0.544 (6)	0.962 (1)	0.57 (5)
	平均數和（排序）	13.29 (3)	12.2 (10)	12.47 (7)	12.8 (5)	13.6 (2)	12.25 (9)	12.52 (6)	12.32 (8)	14.27 (1)	12.86 (4)
家庭和社區關係	關聯度（關聯序）	0.612 (3)	0.706 (1)	0.428 (8)	0.434 (7)	0.684 (2)	0.365 (9)	0.442 (6)	0.606 (4)	0.598 (5)	0.358 (10)
	平均數和（排序）	8.29 (3)	8.3 (1)	8.15 (8)	8.16 (7)	8.27 (4)	8.08 (9)	8.18 (6)	8.3 (1)	8.24 (5)	8.07 (10)
課程教學與保育	關聯度（關聯序）	0.977 (1)	0.485 (10)	0.697 (4)	0.582 (6)	0.824 (2)	0.506 (9)	0.598 (5)	0.551 (8)	0.77 (3)	0.58 (7)
	平均數和（排序）	19.16 (1)	10.86 (10)	16.38 (4)	14.17 (5)	17.65 (2)	11.74 (9)	13.87 (6)	12.66 (8)	17.2 (3)	13.52 (7)
行政管理	關聯度（關聯序）	0.827 (1)	0.528 (9)	0.689 (4)	0.545 (8)	0.821 (2)	0.590 (6)	0.585 (7)	0.606 (5)	0.706 (3)	0.512 (10)
	平均數和（排序）	34.2 (2)	27.35 (9)	32.0 (4)	28.46 (8)	34.33 (1)	30.45 (6)	29.73 (7)	30.58 (5)	32.57 (3)	27.15 (10)
師生比	數值（排序）	13.50 (6)	13.00 (4)	13.67 (7)	12.63 (3)	11.75 (1)	12.50 (2)	13.67 (7)	14.00 (10)	13.00 (4)	13.75 (9)

使其在灰關聯的整體綜效表現最為傑出，此與Olmsted（2002）、Jalongo等人（2004）、NAEYC（2005）、OECD（2012b）提出的幼兒教保品質的內涵一致。由表4-9可知，師生比的排序與其他五項排序，相較於整體成效評估的排序（如表4-8）呈現較大的變異，忠小附幼師生比排序為第六名（灰關聯序第二），義小附幼師生比排序為第二名（灰關聯序第八），愛小附幼師生比排序為第三名（整體為第七）。可能原因為法律規定幼兒園師生比為1:15，而10所實驗園師

生比均符合法律規範，造成師生比對幼兒教保品質影響不明顯的情形。

　　若排除師生比，觀察實驗園在21個評估項目的表現情形，信小附幼在專業成長、教學環境設備、團隊凝聚力、幼托整合比較、情境規劃、教保融入、組織認同等項目的平均值表現最佳（共15項表現位於前三名）；忠小附幼在專業成長、課程教學、班級經營、教保品質、經費效益、行政支援、教保融入、人事管理等項目的平均值表現最佳（16項位於前三名）；禮小附幼在政策內容、工作投入、空間選定、環境設備、教學環境與權益等項目的平均值表現最佳（16項位於前三名）。忠、信、禮三所國小附設幼兒園在21個評估項目的前三名交集項目，包括「教保人員專業知能」層面下的專業成長；「學習空間與環境」層面下的教學環境設備；「與家庭和社區關係」層面下的行政措施、幼托整合比較；「課程教學與保育」層面下的課程教學、班級經營、教學情境規劃、教保品質，以及「行政管理」層面下的經費效益、團隊凝聚力以及組織認同等11項。專業成長跟組織評估員工的表現有關；教學環境設備、課程教學、班級經營、教學情境規劃、教保品質等五項，與幼兒園提供教保服務的品質有關；經費效益、行政措施（指幼兒園與家長溝通幼托整合政策的做法）、幼托整合比較（指家長對幼托整合政策的看法與實施後的感受）與幼兒園組織發展與人事運作管理有關；組織認同以及團隊凝聚力則與幼兒園的認同與信任有關（許士軍，2003；張保隆、周瑛琪，2006；鄭瀛川，2006；Kaplan & Norton, 2003; Poister, 2003），此11個項目可與組織績效評估的目的相呼應。

　　信小附幼、忠小附幼、禮小附幼對應成效評估所交集的11個項目，與幼兒教育五個層面（學習空間與環境、教保人員專業知能、與家庭和社區關係、教學與照顧、行政管理）的關係，其中「與家庭

和社區關係」層面包括二個評估項目，即幼兒園與家長溝通幼托整合政策的理念與做法（行政措施），並掌握家長對幼托整合政策的看法與感受（幼托整合比較），進而適時調整做法（陳玉芳，2007；程祺，2006），將有助於融合家長的建議作爲調整幼兒園服務方向。

「教學與照顧」層面包含五個評估項目，其中課程教學、班級經營以及學習情境的規劃，是幼保服務人員的工作本務，也是其教保專業知能的展現，往往也是影響教保品質的主要原因（林春妙、楊淑朱，2005，盧美貴，2012）。本務工作做好，才能讓家長感受到教學活動及照顧幼兒的品質（教保品質），且安全的學習環境與充實多元的教學設備，不僅有益幼兒的學習也可使家長放心（教學環境與設備）。

「行政管理」層面包括三個評估項目，其中幼兒園塑造的願景，讓教保服務人員對幼兒園產生向心力（組織認同），進而認同組織文化及組織的領導，從而積極投入工作（教保融入），是基於對組織的認同與主管的信任關係（許士軍，2003；張保隆、周瑛琪，2006；Kaplan & Norton, 2003; Poister, 2003），且同儕間相互協助與支持（團隊凝聚力）是組織和諧與進步的動力（李麗秋，2008；陳玉芳，2007；張書婷，2010；劉興振，2010）。幼兒園經費的運用與執行情形（經費效益），則是園務運作、課程執行、健康照護所需的基礎。

由信、忠、禮三所國小附幼的表現可知，學習空間與環境層面的教學環境與設備；教保人員專業知能層面的專業成長；與家庭和社區關係層面的行政措施、幼托整合比較；教學與照顧層面的課程教學、班級經營、教學情境規劃、教保品質；行政管理層面的經費效益、組織認同以及團隊凝聚力，是影響實驗園教保品質綜效表現的11個關鍵項目。

🐱 伍、結論與建議

一、結論

　　提升幼兒教育品質向來是各國幼兒教育改革的重要方向，也是我國實施幼托整合的重要目的之一。新竹市政府率先進行幼托整合，並於整合後一年實施成效評鑑，且評估人員包含行政人員、教保服務人員，以及家長等利害關係人的意見，實為政策評估的具體作為，但評估結果卻以每一個單項評量的得分說明評量結果，並未進行整體性的成效比較，因此本研究以灰關聯分析法評估10所幼托整合實驗園的整體綜效表現，以彌補遺珠之憾，經分析結論如下：

(一)灰關聯分析結果與原始平均數加總得分結果並不完全相同

　　經灰關聯分析後，發現整體綜效由高而低表現最佳的前三名分別為信小附幼、忠小附幼、禮小附幼；表現最差的後三名分別為義小附幼、廉小附幼、孝小附幼。另將原始平均數加總，得分前三名依序為忠小附幼、信小附幼、禮小附幼；表現最差的後三名分別為廉小附幼、義小附幼、孝小附幼，結果並不完全相同。

(二)綜效表現佳的實驗園，能兼顧幼兒教保品質的五個評估層面

　　以灰關聯或各項目平均數加總的結果，分析忠小附幼、信小附幼以及禮小附幼三所綜效表現較佳的實驗園，發現三所實驗園在教保人員專業知能、學習空間與環境、與家庭和社區關係、教學與照顧，以及行政管理等五個教保品質層面的表現均能兼顧，且與整體灰關聯度排序結果（成效表現）大致相符，但師生比排序結果與整體灰關聯序有大的差異。

(三)綜效表現佳的實驗園，在21個成效評估項目（排除師生
比）中有11項交集，此11個評估項目是影響實驗園教保品
質綜效評估的關鍵因素。

　　忠小附幼、信小附幼以及禮小附幼三所綜效表現較佳的實驗園，
在五個評估層面21個評估項目中，有11個項目是三所實驗園都排序在
前三名，包括學習空間與環境層面的教學環境與設備；教保人員專業
知能層面的專業成長；與家庭和社區關係層面的行政措施、幼托整合
比較；教學與照顧層面的課程教學、班級經營、教學情境規劃、教保
品質；行政管理層面的經費效益、組織認同以及團隊凝聚力，此11個
評估項目是影響新竹市10所實驗園綜效表現的關鍵項目。

二、建議

　　基於研究結論，本研究提出以下建議：

(一)在幼稚園與托兒所整合過程中，需兼顧學習空間與環境、
教保人員專業知能、與家庭和社區關係、教學與照顧，以
及行政管理五個層面

　　組織行政管理的運作有助於營造正向的組織文化，使組織成員產
生對組織的向心力，進而認同組織及信任主管。對於像新竹市實驗園
的整合模式，降低被整合托兒所教職員工的焦慮感，使其對新幼兒園
產生認同，將有助於投入工作發揮應有的工作表現。

　　幼托整合過程中利害關係人的感受，是影響整合結果的因素。讓
教保服務人員能彼此支持鼓勵、相互合作，且能持續性的專業成長，
提升教保服務人員的專業素養。讓家長對幼兒園提供的教保服務感到
安心與放心，並公布相關資訊讓家長瞭解幼托整合政策的理念與做法

以尋求家長支持。幼兒園則需整合教保服務人員與家長的想法，作為幼兒園調整行政規劃與教保服務的依據。

無論幼托整合與否，教學與保育都是教保服務人員的本務工作，也是影響教保品質最重要的因素。教保服務人員需在課程教學、班級經營，以及學習情境規劃上扮演專業角色，才能讓家長感受到教學活動及照顧幼兒的品質。

(二)以多元方法進行政策評估，讓評估結果更具參考價值

政策評估近年受到相當程度的重視，政策評估相關的方法和工具也因此而發展，政策評估者若能借用不同的方法，並從中找出一致性的結果，將有助於評估結果的正確性，並能降低決策風險，使評估結果更具有參考價值。

(三)教育政策的推動應訂定明確的成效評估項目，並廣泛蒐集相關資訊，使評估結果更具有信度與效度

推動任何政策均有要達成的政策目標，政策評估者若能依據目標訂定清楚明確的評估項目，並盡可能蒐集與評估項目有關的一切資訊，當資訊愈正確、內容愈完整時，評估的結果就愈具一致性與正確性。

（感謝余作輝教授與新竹市教育處蔣偉民處長提供研究資料，供本文進行後續成效分析。）

國幼班教保服務人員教學
專業能力指標發展與運用
CHAPTER 5

☺ 壹、緒論

　　我國教育部近10年推動諸多促進教育公平與教育品質的幼教政策，如「扶持5歲幼兒教育計畫」（簡稱扶幼計畫）、「幼托整合」、「5歲幼兒免學費教育計畫」等。其中，「扶幼計畫」是教育部93學年度推動的學前教育政策，主要目的是為了保障弱勢族群幼兒受教機會所提出的計畫，不僅以增班設園與經費補助的方式，提供弱勢地區與一般地區經濟弱勢之5足歲幼兒充分就學的機會。另外，也委託專案團隊[1]提供國幼班[2]地區（離島、偏鄉及原住民族地區）幼兒園教學訪視與輔導工作，以支持及陪伴教保服務人員的方式，提供關懷與建議以穩定教保品質（教育部，2014c）。

　　改善教育品質首要工作為提升教師的專業表現（教育部，2012a；楊深坑、黃嘉莉、黃淑玲、楊洲松，2005），教師素質是影響學生學習成就最顯著的因素之一（Donaldson, 2013），而強化教師專業水準是提升教育成效與促進國家競爭力的重要處方（行政院經濟建設委員會，2008；潘慧玲，2014），而透過教育政策提升教師素質向來都是施政的重點（Donaldson, 2013）。教育部（2013c）公布「中華民國師資培育白皮書」即以教師專業標準，作為規劃師資培育政策的依據，藉以提升教師專業素質並維護學生受教權益。可見，影響學前教保服務品質最重要的關鍵因素是教保服務人員。偏鄉地區存在教育不公平的現象是不爭的事實，而偏鄉地區教育最主要的問題

---

[1] 2004年教育部推動「扶持5歲弱勢幼兒及早教育計畫」即委託張孝筠教授成立「國民教育幼兒班教學訪視及輔導工作小組」，並評估政策的執行成效。

[2] 國民教育幼兒班（簡稱國幼班）是指年滿5足歲至入國民小學前幼兒，於離島三縣三鄉以及54個原住民鄉鎮，進入幼兒園就讀的班級稱之。

在「人」（王彥喬，2014）。林天祐（2012）指出偏遠地區校長通常都是初任校長，甚至表現不佳的校長也會被調遷到此。因此，可以由此臆測初任教師也有極大可能任職於偏遠地區。因國幼班大多位於偏遠地區，張孝筠、孫良誠（2015）分析國幼班教保服務人員的背景，發現服務年資在三年以下者占32.4%（一年以下者占6.4%），而代理教保服務人員服務現職幼兒園的年資，以一年以下最多，占49.1%；其次為一年至三年，占38.5%，或許可以獲得佐證。

《憲法》第21條：「人民有受國民教育之權利與義務」，以及第159條：「國民受教育之機會，一律平等。」因此教育部推動「扶幼計畫」的目的，符合《憲法》保障人民受教權益的精神，其計畫中訂定的目標與具體作為，也符合教育公平的理念（孫良誠、盧美貴、張孝筠，2014）。幼兒教育是國民教育的基礎，也是提升國民素質的磐石。學齡前幼兒發展有其獨特性與重要性，對其未來人生有重要的影響，也是國家重要資產。美國國家教育政策委員會（Educational Policies Commission）於1966年提出「普及幼兒教育機會宣言」（universal opportunity for early childhood education），主張從幼兒階段起就應讓孩子接受到良好的教育（Asutin, 1976），因為改善幼兒早期的照顧與教育是國家提升教育品質的首要目標（UNESCO, 2005）。教保服務人員是提供幼兒良好教育與照顧服務的第一線工作人員，其對幼兒的成長與未來發展具有舉足輕重的影響力。

有相當多文獻指出教師是影響教育品質的重要因素（教育部，2012a；黃嘉莉，2006；ACEI, 2011; Chetty, Friedman, Hilger, Saez, Schanzenbach, & Yagan, 2011; Donaldson, 2013; NAEYC, 2005; NCCCQI, 2015; OECD, 2012b; Rivkin, Hanushek, & Kain, 2005）；李真文（2015）指出代理代課教師專業知能不足是偏鄉地區教師的問題之一，並建議由校內資深且表現優秀的教師，組成專家教師團協

107

助代理代課教師。「扶幼計畫」是針對離島、偏鄉地區與經濟弱勢幼兒所提出的學前教育計畫，該計畫執行初期即成立「國民教育幼兒班教學訪視及輔導工作小組」，由各縣市政府遴選表現優秀的幼教教師執行巡迴輔導工作，提供國幼班教保服務人員課程設計、教學執行、環境規劃、班級經營、親師互動等協助，亦提供現場教保服務人員行政工作的支援，而巡迴輔導工作是讓「扶幼計畫」能順利執行的重要機制（教育部2005a）。為了掌握巡迴輔導機制的品質，專案團隊發展「教保服務人員專業能力指標」，作為巡迴輔導員入班觀察後提供教保服務人員教學執行的參考建議，以及教保服務人員自我評估教學表現的依據，進而期望教保服務人員瞭解教學專業的內涵，並以優質的教學規劃與尊重關懷的態度，提升對國幼班地區幼兒的教育與照顧服務品質。以下說明「國幼班巡迴輔導機制」的運作情形，以及「教保服務人員專業能力指標」建構的歷程。

貳、國幼班巡迴輔導模式與機制的運作

一、巡迴輔導模式

教學輔導（亦有學者稱為教學視導）是連續循環的過程，不同的輔導理念會產生不同的輔導模式。一般而言，教學輔導是輔導人員與現場教師藉由教學訪視與輔導的合作關係，協助教師專業成長並提升學生的學習成效，以下將巡迴輔導區分為四種模式：

(一)臨床輔導模式

「臨床輔導模式」（Clinical Supervision）是輔導人員直接進入教學現場，觀察、記錄、分析、討論受輔教師的教學表現以及師生互

動情形，進而給予受輔教師回饋與支持，並提出改善策略作為改進教學的依據，藉此提升教學成效及促進教師專業成長（丁一顧、張德銳，2006；邱錦昌，2003；張清濱，2005；許馨瑩，2009）。臨床輔導的「臨床」是指密切的觀察並進行詳細的資料分析，以及輔導人員與受輔教師之間面對面的互動關係（吳清山，1990），故此種模式重視輔導者與受輔導者的人際關係，輔導的過程需彼此信賴、相互尊重並共同合作，以達成改進教師教學與提升學生學習成效的目標。

(二)發展性輔導模式

「發展性輔導模式」（Developmental Supervision）考量教師心理發展層面，並重視教師專業自主，認為不同發展階段的教師有不同的發展需求，輔導人員可先評估受輔教師的「承諾程度」（level of commitment）以及「概念思維程度」（level of conceptual thinking），並依據教師自己訂定的專業成長目標與輔導方式，彈性使用不同形式的輔導策略，包括指導型（directive style）、合作型（collaborative style）以及非指導型（nondirective style），以協助接受輔導的教師增進教學成效（吳培源，2005；邱錦昌，2003；許馨瑩，2009；Beach & Reinhartz, 2000）。

(三)同儕輔導模式

「同儕輔導模式」（Peer Supervision）是指在一起工作的教師們形成專業成長的夥伴關係，藉由計畫性的設計以觀察教師彼此間的教學活動，並進行專業討論、提供回饋等方式，相互學習不同的教學技巧、修正教學盲點或改進教學策略，進而提升學生學習成效，並邁向教師專業發展的目的（吳培源，2005；吳清山、林天祐，2007；張清濱，2002；許馨瑩，2009；Glickman, Gordon, & Ross-Gordon,

109

2013）。

(四)臨床—適性輔導模式

「臨床—適性輔導模式」（Clinical and Appropriate Developmental Supervision）是特別針對國幼班巡迴輔導提出的模式，兼具「臨床輔導模式」與「發展性輔導模式」的精神。此模式指巡迴輔導人員依據教保服務人員在幼教專業表現的能力、個人特質，以及專業成長需求，並分析教學情境脈絡，採取適合教保服務人員與當地文化差異的教學輔導模式（張孝筠、孫良誠，2014b）。「臨床—適性輔導模式」以直接入班觀察教保服務人員的教學表現情形，並依據觀察記錄結果提供回饋與建議，巡迴輔導人員也需判斷教保服務人員的工作動機、專業能力，以及個人特質，而採用不同的輔導策略。

國幼班巡迴輔導機制採用「臨床—適性輔導模式」有三個主要原因：1.國幼班教保服務人員背景與資歷落差甚大，素質參差不齊，此模式可以依據教保服務人員的專業程度與發展需求，訂定輔導目標與策略；2.就讀國幼班幼兒多來自地區弱勢（離島偏鄉）、身分弱勢（原住民、隔代教養）或經濟弱勢的家庭，部分家長無力、甚至漠不關心子女的教養問題，因此教保服務人員必須肩負起教育與照顧幼兒的責任，其專業知能甚為重要；3.國幼班地處偏遠，行政與教學管理無法迅速有效進行督導與支援。此模式能滿足國幼班教保服務人員不同的特質，並提供行政督導與教學指導的輔導模式（張孝筠、孫良誠，2014b）。

二、國幼班巡迴輔導機制的運作

依據「幼兒園輔導計畫」，國幼班巡迴輔導的性質屬於支持服務

輔導（教育部，2014c），是以外部視導的方式進行輔導工作，由巡迴輔導人員直接入班觀察教保服務人員的教學實況，並記錄教學活動的執行情形，再於幼兒午睡時與教保服務人員進行專業對話、討論與回饋，以落實適性教學、生活教育、幼小銜接、親職教育、在地課程設計等教學活動。巡迴輔導的目標有二：1.支持及陪伴教保服務人員，以穩定教保服務品質；2.協助教保服務人員建構回應在地文化及學習需求之課程（教育部，2014c）。以下說明巡迴輔導工作小組的組織編制與職責，以及巡迴輔導機制的運作概況。

(一)巡迴輔導工作小組的編制及職責

國幼班教學訪視及巡迴輔導工作小組的編制，包括：

1. 國前署：負責辦理巡迴輔導相關行政業務、召開工作小組會議、聘任巡迴輔導教授，以及委託專案團隊執行巡迴輔導工作與成效評估等。

2. 專案團隊：職責包括規劃與執行巡迴輔導工作、協助巡迴輔導人員進行輔導工作、規劃輔導人員增能研習課程、協助召開工作小組會議，以及進行巡迴輔導機制的成效評估。

3. 執行巡迴輔導業務之縣市政府：主要職責是協助輔導人員進行巡迴輔導業務、召開縣市內巡迴輔導會議，以及從縣市的幼教教師中遴選巡迴輔導員（簡稱巡輔員）。

4. 巡迴輔導教授：主要職責包括參與工作小組會議、定期入班觀察教保服務人員教學執行情形，並提供巡迴輔導的諮詢服務。

5. 巡迴輔導員主要工作：包括入班觀察教保服務人員教學與保育的執行情形，並撰寫輔導記錄、擬定教保服務人員增能研習計畫、參與國前署舉辦的增能研習以及工作小組會議。

111

(二)巡迴輔導機制的運作

巡迴輔導機制執行的過程，可以區分為規劃階段、執行輔導階段與檢討階段等三個階段。規劃階段工作包括遴聘巡迴輔導教授與遴選巡迴輔導員、新任巡迴輔導人員研習、續任巡迴輔導人員的回訓，以及瞭解受輔的教保服務人員背景並建立合作關係。執行輔導階段主要工作包括評估教保服務人員專業發展需求、入班觀察與記錄教保服務人員教保活動執行情形、進行專業對話，提出回饋與改善建議，並撰寫訪視輔導報告、與巡迴輔導教授定期入班觀察教保服務人員教學情形，並討論巡迴輔導工作的相關事宜。檢討階段包括巡迴輔導人員參與教保訪視及巡迴輔導工作小組期末檢討會，並撰寫期末報告。每學年國幼班巡迴輔導工作均經歷此三個循環階段，如圖5-1。

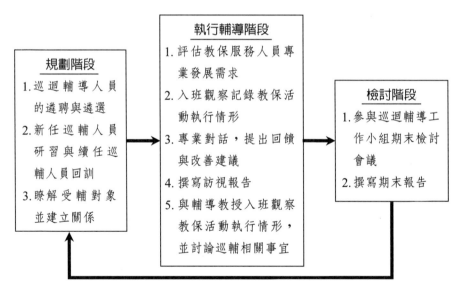

圖5-1　國民教育幼兒班巡迴輔導歷程

資料來源：修正自張孝筠、孫良誠（2014c：10-11）。

　　為了提供巡輔員有明確的方向來觀察國幼班教保服務人員教保活動執行情形，以作為教學輔導的參考依據，同時也提供教保服務人員評估自己的教學表現，專案團隊於98學年度以系統化的思維與科學化的方法，發展「國民教育幼兒班教師教學專業指標」，以利巡迴輔導人員推動巡迴輔導工作，並作為評估巡迴輔導工作成效的基礎。

參、教保服務人員教學專業能力指標與輔導系統發展歷程

　　美國國家教學專業標準委員會（National Board for Professional Teaching Standards, NBPTS）對教師提出五項核心主張：1.應致力於對學生的關懷及其學習；2.需具備學科知識並將知識內容教給學生；3.對學生的學習負有管理責任；4.需有系統的思考教學實務並從經驗中學習；5.教師應成為學習社群中的一員（NBPTS, 2002）。專案團隊希望國幼班的教保服務人員能以專業知識與專業能力提供幼兒教育及照顧服務，且在專業知能的運作下，以確保提供幼兒優質的教保服務並提升幼兒學習成效。因此，98學年度巡迴輔導工作小組思考並討論「何謂國幼班教師的教學專業能力？」，專案團隊將已發展並運用於巡迴輔導的「適性教學指標」、「幼兒生活教育指標」、「幼兒學習環境指標」、「親職教育指標」，以及「幼小銜接指標」等進行彙整，進而發展出「國民教育幼兒班教師教學專業指標」（張孝筠、陽琪，2010），其後因「幼托整合」政策之故，將名稱改為「國民教育幼兒班教保服務人員教學專業能力指標」（以下簡稱教學專業能力指標），茲將教學專業能力指標的發展歷程區分為以下三個階段：

一、指標發展與試行階段

　　首先透過相關文獻分析教師教學專業指標的意義與內涵，並融入專案團隊以及巡迴輔導人員入班觀察的實徵資料，初步歸納出教保服務人員教學專業能力指標的架構與內涵，再邀請學者專家、幼教行政人員、巡迴輔導員及國幼班教師參與焦點座談，經彙整相關意見並修正教學專業能力指標架構為6個層面、18個向度、47項指標。最後再依據此指標架構編擬問卷，並邀請幼教學者、幼教行政人員以及實務工作的教師等，進行模糊德菲法（Fuzzy Delphi Technique）問卷調查，經三角模糊數運算並訂定0.7為決斷分數，作為刪除不適切指標的門檻值，經解模糊化（defuzzification）運算結果顯示所有指標的總評分值均大於0.7，故保留全部的47項教學專業能力指標。

　　99學年度專案團隊邀請31名國幼班地區教師、30名一般地區教師（含14個縣市），以及21名國幼班巡迴輔導員，測試教師教學專業能力指標的可行性，並以三點量尺（少部分達成、部分達成、大部分達成）讓測試教師自我評量在教學專業能力的表現。專案團隊依據82名試行教師的回饋（如可以用來作為教學省思及改進教學品質的參考、教學專業能力指標可協助教師隨時建立教學記錄等）與建議（如指標內涵過於籠統抽象、教師自評的正確性需巡輔員協助）（張孝筠、孫良誠，2011）進行調整與修正，並將修正後的教學專業能力指標系統作為巡迴輔導員入班觀察記錄的依據，並據此提出改善建議以及追蹤國幼班教保服務人員的改善情形，教保服務人員教學專業能力指標架構與內涵，如表5-1所示。

表5-1　國民教育幼兒班教保服務人員教學專業能力指標架構

層面	向度	指標
理念認同	教育理念	‧瞭解幼兒教育的開放精神
		‧瞭解幼兒教育的理論
課程規劃	課程設計	‧瞭解幼兒園課程標準的目標與架構
		‧規劃以幼兒為本位的課程
		‧規劃園所本位課程
	教學設計	‧研擬適切的教學計畫
		‧規劃適切的學習評量
	環境規劃	‧空間的規劃與教學設備的選取符合安全、衛生原則
		‧空間的規劃符合舒適的原則
		‧學習區的設計與布置符合安全與幼兒發展特質及興趣的原則
教學執行	教學內容	‧執行教學的能力
		‧教學反應的敏銳度
	教學方法	‧運用生動、多元化的教學技巧
		‧接納與鼓勵的教學態度
	教學活動	‧提供多樣性的教學活動
		‧選擇適切的教學型態
	學習評量	‧運用多元實作評量
		‧運用評量結果改善幼兒學習策略
		‧運用教學評量提升教學成效
	幼小銜接	‧有效溝通幼小銜接的理念
		‧發展適齡、適性的幼小銜接活動
班級運作	班級經營	‧營造良好互動的班級氣氛
		‧培養幼兒自理能力
		‧建立有助於幼兒學習的班級常規
		‧建立適切的幼兒行為輔導機制

（續）

層面	向度	指標
班級運作	資源管理	・有效管理時間
		・合宜的教學資源管理
		・建立教學檔案
尊重關懷	健康照顧	・評估幼兒健康狀況
		・提供改善幼兒健康的資源
		・督導或提供幼兒均衡的營養餐點，並培養幼兒健康飲食的觀念
		・有效的危機管理
	家庭支持	・有效評估幼兒家庭狀況
		・提供改善幼兒家庭狀況之相關資訊及社會資源
	族群關注	・以多元方法評估幼兒文化
		・培養幼兒欣賞與接納不同文化的態度
	特殊幼兒的資源連結	・連結特教專業評估疑似特殊幼兒狀況
		・提供融合教育滿足特殊幼兒的需要
專業發展	自我管理與發展	維持穩定的情緒
		反省與悅納自我
		發展專業溝通合作的能力
	專業發展	持續專業發展
		分享專業發展成果
		資訊科技的運用能力
		發展因應教育變革的策略
	專業態度	展現教育熱忱和專業使命感
		遵守教育專業倫理規範

資料來源：引自張孝筠、陽琪（2010：273-275）。

二、資訊科技引入與指標運用階段

專業指標試行階段，專案團隊每月需處理每位巡輔員入班觀察記錄的內容[3]，分析改善建議並追蹤國幼班教保服務人員改善情形的資料，需耗費大量的人力，且在專案團隊、巡輔員、巡迴輔導教授，以及工讀生多次轉錄過程出現資料登錄錯誤的情形相當頻繁，導致資料分析的結果並非正確的實況。圖5-2說明每月資料蒐集、分析與轉錄的流程。

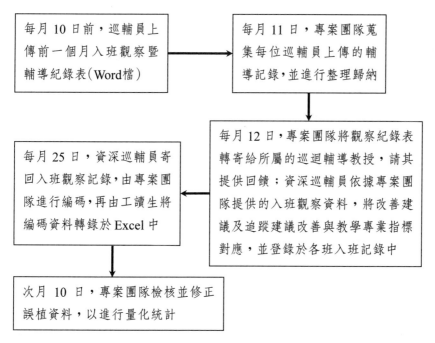

圖5-2　每月資料蒐集與分析流程

資料來源：修正自張孝筠、孫良誠（2011：229）。

---

[3] 依100學年度資料顯示有23位巡迴輔導員，每位巡迴輔導員每月產生12篇入班觀察報告（金門縣8篇及連江縣4篇），共計每月產出264篇入班觀察報告。

　　由圖5-2顯示專案團隊處理入班觀察記錄的繁雜與細碎過程，因此專案團隊於100學年度將原先以Word格式繕打的「入班教學觀察與輔導紀錄表」[4]，改採用Excel試算表輸入觀察與輔導記錄資料，並運用Dropbox雲端系統上傳入班觀察記錄，改變以E-mail傳遞的方式。專案團隊運用Excel強大的試算功能，將教學專業能力指標的層面——向度——指標予以編碼，並運用Excel樞紐分析模組分析巡輔員提出「改善策略建議」的次數，及「前次訪視結果建議追蹤」的次數，以瞭解國幼班教保服務人員教學改善的情形。

　　教學專業能力指標系統不僅可作為巡輔員提供教保服務人員教學改善的建議，也可作為教保服務人員自我專業成長的參考。專案團隊為了讓全體巡輔員瞭解教學專業能力指標的編碼原則與應用時需注意的事項，規劃多次相關研習活動，並編制《國民教育幼兒班教保訪視及巡迴輔導小組工作手冊》供巡迴輔導人員參考；同時也編制《國民教育幼兒班教保服務人員參考手冊》供國幼班教保服務人員作為教學與保育的參考，並在手冊的內文中說明評估的方式，及達成指標內容的參考重點。

　　Excel雖然以計算功能見長，但文書編輯仍以Word功能較佳，且巡輔員對Word編輯的熟悉度較高，雖經過多次Excel研習，巡輔員仍習慣先以Word繕打入班觀察記錄後，再複製轉貼到Excel中，且經常發生誤刪或改變專案團隊設定Excel邏輯函數的情形，不僅增加巡輔員的工作負擔，也產生資料管理的問題。但就入班觀察記錄中之「改

---

[4]　入班教學觀察與輔導紀錄表，包含入班觀察暨輔導重點、入班觀察及輔導流程、觀察或輔導重點事件的完整描述、優點分析、改善策略建議、前次訪視結果建議追蹤、巡迴輔導教授給教師的回饋與鼓勵，專案團隊針對「改善策略建議」與「前次訪視結果建議追蹤」兩項進行分析（張孝筠、孫良誠，2011）。

善策略建議」與「前次訪視結果建議追蹤」所對應的教學專業能力指標，其正確性已有明顯提升，也簡化以人工處理資料轉錄的繁雜程序。

三、網路平臺建置與資料庫管理階段

　　為了克服第二階段產生的問題，專案團隊於100學年度第二學期著手規劃採用資料庫的形式，建立入班觀察與記錄的網路平臺，並透過資料庫的系統管理功能，產出所需要的統計分析表單。經過專案團隊、巡輔員與系統工程師反覆討論、測試平臺介面的樣式與所需功能等，101學年度第一學期啓用「國民教育幼兒班教學輔導系統」[5]（以下簡稱國幼班輔導系統），巡輔員上網登入系統並依據所設定的格式繕打入班觀察記錄；「改善策略建議」及「前次訪視結果建議追蹤」則改變以點選的方式，選取適合的教學專業能力指標。在不斷測試與修正國幼班輔導系統後，101學年度第二學期，國幼班輔導系統功能已能符合巡輔員填寫入班觀察記錄的需求，由系統產生統計報表的正確性更大幅提升。巡輔員依據入班觀察記錄的結果，點選「改善策略建議」及「前次訪視結果建議追蹤」所對應的教學專業能力指標，更符合教學現場的實際狀況，網路平臺建置後，資料蒐集與分析流程如圖5-3，相較於圖5-2更簡化了工作流程。

---

[5]　「國民教育幼兒班教學輔導系統」爲封閉的系統，只有經系統管理員認證的國前署業務承辦人員、專案團隊人員、巡迴輔導教授，以及巡迴輔導員才能登入。
　　系統網址：http://pip.ntunhs.edu.tw/piscp/Modules/Main/Index_mnt.aspx

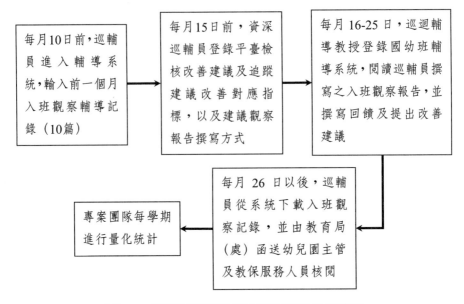

每月10日前，巡輔員進入輔導系統，輸入前一個月入班觀察輔導記錄（10篇）

每月15日前，資深巡輔員登錄平臺檢核改善建議及追蹤建議改善對應指標，以及建議觀察報告撰寫方式

每月16-25日，巡迴輔導教授登錄國幼班輔導系統，閱讀巡輔員撰寫之入班觀察報告，並撰寫回饋及提出改善建議

每月26日以後，巡輔員從系統下載入班觀察記錄，並由教育局（處）函送幼兒園主管及教保服務人員核閱

專案團隊每學期進行量化統計

圖5-3　網路平臺建置後資料蒐集與分析流程

肆、教保服務人員教學專業能力指標應用結果分析

一、研究設計

(一)研究方法

教保服務人員教學專業能力指標分析以內容分析法（content analysis）為主要分析方式，其將質性的研究資料轉化為量性資料進一步做具體的分析（王文科、王智弘，2009；潘慧玲，2003）。許禎元（2003）指出內容分析並非僅止於定量的分析技術，是以內容「量」的變化來推論「質」的取向。內容分析步驟應注意：1.類目建

構以及資料內容的系統性分類；2.界定分析單元，此為內容分析最基本的單位，即某一段特定的內容可以歸入一個設定的分析類目中；3.資料的編碼與登錄。

　　專案團隊建立國幼班教保服務人員教學專業能力指標系統，類目區分為6個層面、18個向度、47項指標（如表5-1），作為巡輔員入班觀察教保服務人員教學表現並提出改善建議的依據。分析單元則為巡輔員入班觀察後所提出的每一項教學改善建議，即依據教學專業能力指標內涵找出適切的指標進行對應，為了方便統計每位巡輔員入班觀察後提出的「改善策略建議」次數，以及「前次訪視結果建議追蹤」次數，專案團隊將教學專業能力指標進行四層編碼，而編碼是將觀察內容歸類的關鍵步驟。第一層「改善策略建議」編碼為1，「前次訪視結果建議追蹤」編碼為2；第二層為教學專業能力指標系統的六個層面，分別依序給予1-6的編碼；第三層為指標系統的向度，分別給予1-3的編碼；第四層為指標系統的指標，分別給予1-4的編碼。如巡輔員針對理念認同層面—教育理念向度—瞭解幼兒教育的開放精神指標提出「改善策略建議」，則編碼為1-1-1-1；若巡輔員針對課程規劃層面—課程設計向度—規劃以幼兒為本位的課程指標進行「前次訪視結果建議追蹤」，則編碼為2-2-1-2。

(二)研究範圍

　　從教學專業能力指標發展、試行到建置「國民教育幼兒班教學輔導系統」平臺，再經101學年專案團隊、巡輔員與系統工程師的測試與修正，讓「國民教育幼兒班教學輔導系統」更為完整，也使資料蒐集更簡化方便，且以國幼班輔導系統取代人工轉錄資料的方式，不僅提升工作效率，也提升資料分析的正確性。因此，國幼班輔導系統運用結果的分析，以102學年以及103學年巡輔員提出的「改善策略建

議」以及「前次訪視結果建議追蹤」為本研究主要分析的範圍。

(三)信度與效度

為了讓巡輔員提出的「改善策略建議」以及「前次訪視結果建議追蹤」與入班觀察記錄的內容相符，專案團隊培訓資深的巡輔員，彼此相互檢核入班觀察記錄內容對應教學專業能力指標的適切性，資深巡輔員也經常與撰寫入班觀察記錄的巡輔員進行對話，以瞭解巡輔員的想法，進而確保提供「改善策略建議」的正確性。因資深巡輔員大多參與教學專業能力指標系統的建置過程，且專案團隊安排多次相關的研習，因此對入班觀察記錄的內容多有一致性的判斷。

(四)資料分析

為了瞭解102學年與103學年教保服務人員，在教學專業能力指標各層面的改善率是否有所不同？資料分析採用兩個獨立樣本百分比差異顯著性考驗，主要原因包括巡輔員與教保服務人員的異動率高，且巡輔員入班觀察的教保服務人員並非固定不變，以及班級幼兒因畢業離園或新生入園而有所不同，故以兩個獨立樣本百分比差異顯著性考驗。

二、巡輔員教學專業能力改善建議之分析與討論

巡輔員依據教學專業能力指標提出「改善策略建議」以及「前次訪視結果建議追蹤」情形（如表5-2），其中建議總數表示「改善策略建議」的總次數；已改善數表示「改善策略建議」完成修正的次數，即「前次訪視結果建議追蹤」的已改善情形，改善率為已改善數與建議總數的比值。

表5-2　巡輔員對教保服務人員教學專業能力之建議及改善情形

層面	向度	指標	102學年			103學年		
			建議總數	已改善數	改善率	建議總數	已改善數	改善率
理念認同	教育理念	・瞭解幼兒教育的開放精神	30	24	0.80	6	5	0.83
		・瞭解幼兒教育的理論	8	6	0.75	8	8	1.00
課程規劃	課程設計	・瞭解幼兒園課程標準的目標與架構	28	16	0.57	32	18	0.56
		・規劃以幼兒為本位的課程	58	46	0.79	37	23	0.62
		・規劃園所本位課程	16	8	0.50	12	6	0.50
	教學設計	・研擬適切的教學計畫	174	128	0.74	81	56	0.69
		・規劃適切的學習評量	3	3	1.00	6	5	0.83
	環境規劃	・空間的規劃與教學設備的選取符合安全、衛生原則	79	64	0.81	84	64	0.76
		・空間規劃符合舒適的原則	27	22	0.81	37	27	0.73
		・學習區設計與布置符合安全與幼兒發展特質及興趣原則	398	278	0.70	384	267	0.70
教學執行	教學內容	・執行教學的能力	216	150	0.69	200	159	0.80
		・教學反應的敏銳度	166	120	0.72	88	73	0.83
	教學方法	・運用生動多元的教學技巧	238	183	0.77	154	102	0.66
		・接納與鼓勵的教學態度	21	17	0.81	16	11	0.69
	教學活動	・提供多樣性的教學活動	153	119	0.78	106	84	0.79
		・選擇適切的教學型態	95	71	0.75	51	35	0.69
	學習評量	・運用多元實作評量	31	25	0.81	20	16	0.80
		・運用評量結果改善幼兒學習策略	13	9	0.69	8	8	1.00
		・運用教學評量提升教學成效	16	11	0.69	15	10	0.67

（續）

層面	向度	指標	102學年			103學年		
			建議總數	已改善數	改善率	建議總數	已改善數	改善率
教學執行	幼小銜接	・有效溝通幼小銜接的理念	2	1	0.50	2	2	1.00
		・發展適齡、適性的幼小銜接活動	4	3	0.75	5	2	0.40
班級運作	班級經營	・營造良好互動的班級氣氛	29	22	0.76	13	12	0.92
		・培養幼兒自理能力	88	74	0.84	72	55	0.76
		・建立有助於幼兒學習的班級常規	130	98	0.75	80	54	0.68
		・建立適切的幼兒行為輔導機制	15	8	0.53	11	7	0.64
	資源管理	・有效管理時間	69	61	0.88	42	36	0.86
		・合宜的教學資源管理	11	10	0.91	6	5	0.83
		・建立教學檔案	28	23	0.82	0	0	--
尊重關懷	健康照顧	・評估幼兒健康狀況	9	8	0.89	4	2	0.50
		・提供改善幼兒健康的資源	34	32	0.94	20	17	0.85
		・督導或提供幼兒均衡的營養餐點並培養幼兒健康飲食的觀念	110	90	0.82	60	42	0.70
		・有效的危機管理	20	16	0.80	18	15	0.83
	家庭支持	・有效評估幼兒家庭狀況	3	3	1.00	0	0	--
		・提供改善幼兒家庭狀況之相關資訊及社會資源	13	10	0.77	7	7	1.00
	族群關注	・以多元方法評估幼兒文化	0	0	--	0	0	--
		・培養幼兒欣賞與接納不同文化的態度	0	0	--	0	0	--

（續）

層面	向度	指標	102學年			103學年		
			建議總數	已改善數	改善率	建議總數	已改善數	改善率
尊重關懷	特殊幼兒資源連結	·連結特教專業評估疑似特殊幼兒狀況	1	1	1.00	1	0	0.00
		·提供融合教育滿足特殊幼兒的需要	6	5	0.83	4	3	0.75
專業發展	自我管理與發展	·維持穩定的情緒	3	3	1.00	1	1	1.00
		·反省與悅納自我	1	1	1.00	1	1	1.00
		·發展專業溝通合作的能力	36	31	0.86	11	5	0.45
	專業發展	·持續專業發展	8	7	0.88	3	1	0.33
		·分享專業發展成果	5	2	0.40	3	1	0.33
		·資訊科技的運用能力	1	0	0.00	0	0	--
		·發展因應教育變革的策略	0	0	--	0	0	--
	專業態度	·展現教育熱忱和專業使命感	2	1	0.50	2	2	1.00
		·遵守教育專業倫理規範	8	8	1.00	0	0	--

資料來源：國民教育幼兒班教學輔導系統，2015年10月12日，取自http://pip.
ntunhs.edu.tw/piscp/Modules/Main/Index_mnt.aspx?first = true

(一)巡輔員提出之教學專業能力改善建議分析

　　由表5-2顯示，102學年巡輔員引用教學專業能力指標對教保服務人員提出教學改善建議，其中建議次數超過100次的指標項目包括：學習區設計與布置符合安全與幼兒發展特質及興趣的原則（398次）、運用生動多元的教學技巧（238次）、執行教學的能力（216次）、研擬適切的教學計畫（174次）、教學反應的敏銳度（166次）、提供多樣性的教學活動（153次）、建立有助於幼兒學習的班

級常規（130次），以及督導或提供幼兒均衡的營養餐點並培養幼兒健康飲食的觀念（110次）。此八項指標有四項屬於教學執行層面，二項屬於課程規劃層面，班級運作層面以及尊重關懷層面各一項。

102學年改善建議引用指標次數低於10次者，包括教育理念向度下的瞭解幼兒教育的理論；教學設計向度下的規劃適切的學習評量；幼小銜接向度下的有效溝通幼小銜接的理念，及發展適齡、適性的幼小銜接活動；健康照顧向度下的評估幼兒健康狀況；家庭支持向度下的有效評估幼兒家庭狀況；族群關注向度下的以多元方法評估幼兒文化，及培養幼兒欣賞與接納不同文化的態度；特殊幼兒資源連結向度下的連結特教專業評估疑似特殊幼兒狀況，以及提供融合教育滿足特殊幼兒的需要；專業發展向度下的持續專業發展、分享專業發展成果、資訊科技的運用能力、發展因應教育變革的策略；專業態度下的展現教育熱忱和專業使命感，以及遵守教育專業倫理規範。這18項較少被建議的指標大多落在教學執行層面的幼小銜接向度；尊重關懷層面的家庭支持、族群關注與特殊幼兒的資源連結三個向度；以及專業發展層面的自我管理與發展、專業發展、專業態度三個向度下，其中族群關注向度的以多元方法評估幼兒文化，以及培養幼兒欣賞與接納不同文化的態度；專業發展向度的發展因應教育變革的策略等三項指標，巡輔員未提出任何改善建議。

103學年巡輔員入班觀察後，引用教學專業能力指標提出改善建議超過100次的指標，包括學習區設計與布置符合安全與幼兒發展特質及興趣的原則（384次）、執行教學的能力（200次）、運用生動、多元的教學技巧（154次）、提供多樣性的教學活動（106次），其中布置符合安全與幼兒發展特質及興趣的原則屬於課程規劃層面；執行教學的能力、運用生動多元的教學技巧，以及提供多樣性的教學活動則屬於教學執行層面。

　　103學年巡輔員引用指標次數低於10次者，包括教育理念向度下的瞭解幼兒教育的開放精神，及瞭解幼兒教育的理論；教學設計向度下的規劃適切的學習評量；學習評量向度下的運用評量結果改善幼兒學習策略；幼小銜接向度下的有效溝通幼小銜接的理念，及發展適齡、適性的幼小銜接活動；資源管理向度下的合宜的教學資源管理，以及建立教學檔案；健康照顧向度下的評估幼兒健康狀況；家庭支持向度下的有效評估幼兒家庭狀況，及提供改善幼兒家庭狀況之相關資訊及社會資源；族群關注向度下的以多元方法評估幼兒文化，及培養幼兒欣賞與接納不同文化的態度；特殊幼兒資源連結向度下的連結特教專業評估疑似特殊幼兒狀況，以及提供融合教育滿足特殊幼兒的需要；自我管理與發展向度下的維持穩定的情緒，及反省與悅納自我；專業發展向度下的持續專業發展、分享專業發展成果、資訊科技的運用能力、發展因應教育變革的策略；專業態度向度下的展現教育熱忱和專業使命感，以及遵守教育專業倫理規範。此23項較少被建議的指標大多落在理念認同層面的教育理念向度，教學執行層面的幼小銜接向度，班級運作層面的資源管理向度，尊重關懷層面下的家庭支持、族群關注與特殊幼兒的資源連結三個向度，以及專業發展層面的自我管理與發展、專業發展、專業態度三個向度。其中資源管理向度下的建立教學檔案、家庭支持向度的有效評估幼兒家庭狀況、族群關注向度的以多元方法評估幼兒文化，以及培養幼兒欣賞與接納不同文化的態度、專業發展向度的資訊科技的運用能力，與發展因應教育變革的策略，以及專業態度向度的遵守教育專業倫理規範，巡輔員未提出任何改善建議。

(二)教學專業能力改善建議之討論

127

　　103學年巡輔員提出的總建議數較102學年短少695次，可能原因

是：1.國幼班教保服務人員在整體教學專業能力表現上較102學年進步，故巡輔員103學年提出的總建議數較少；2.巡輔員異動情形大，102學年19位巡輔員中有6位為新任（異動率31.58%）；103學年20位巡輔員中有7位為新任（異動率35%）（張孝筠、孫良誠，2014a，2015），新任的巡輔員對教學專業能力指標的內涵不清楚，導致提出的總建議次數減少；3.巡輔員每個月以發文形式，將入班觀察記錄函送給幼兒園主管及教保服務人員核閱，此造成幼兒園主管及教保服務人員壓力，間接影響了輔導關係，為降低幼兒園內人員的壓力，並調整巡迴輔導的關係，因此減少提出建議的次數。

兩學年提出的建議，主要以課程規劃、教學執行及班級運作三個層面為主，尊重關懷層面與專業發展層面建議次數相對較低。探究可能原因包括：1.指標系統以「教學專業能力指標」命名，使巡輔員入班觀察與輔導，焦點著重在與教學直接相關的課程規劃、教學執行及班級運作三個層面上。2.巡輔員遴選要件之一，要具有幼兒園合格教師證，且有三年（含）以上幼兒園教學經驗（張孝筠、孫良誠，2014c），擔任巡輔員者絕大多數是借調現職的幼教老師進行輔導工作，因巡輔員的教師背景，影響其提出的建議著重在與教學直接相關的層面。3.巡輔員入班觀察時間多在上半天進行[6]，幼兒園在此時間內的作息主要是生活教育、主題教學、學習區活動等，巡輔員提出的建議自然是以課程規劃、教學執行及班級運作三個層面最多。4.尊重關懷層面與專業發展層面下的指標內涵，有許多項目並非外顯容易觀察，如反省與悅納自我、培養幼兒欣賞與接納不同文化的態度、發展因應教育變革的策略等，因此提出的建議較少；相對於尊重關懷層面

---

[6] 依規定巡輔員每天僅入一個國幼班並至少實施三個小時的教保觀察與輔導，期間不含交通往返的時間（張孝筠、孫良誠，2014c）。

的「督導或提供幼兒均衡的營養餐點並培養幼兒健康飲食的觀念」被建議次數明顯高於該層面其他指標，係因巡迴輔導工作小組要求巡輔員需注意幼兒的餐點是否符合少油、少鹽、少糖的原則，且指標內涵可以直接透過幼兒的餐點觀察而得。5.較少被提出的指標中，部分指標需要檢視教保服務人員建立的相關檔案，如教學檔案、幼兒學習檔案或家長晤談紀錄等，才能瞭解執行情形，巡輔員入班觀察時或許疏於檢視相關檔案，亦或許教保服務人員未建立完整的教學檔案（102學年對建立教學檔案提出28次建議；103學年未提出建議），無法得知執行情形故建議較少。6.對幼兒教育及照顧工作並非單純的線性思維，巡輔員提出的教學改善建議需考量教保服務人員、幼兒，以及情境等因素；又教學專業能力指標內涵並非完全互斥而有其涵蓋性，如以多元方法評估幼兒文化則有可能建議為運用多元實作評量；發展適齡、適性的幼小銜接活動亦有可能建議為提供多樣性的教學活動，或是選擇適切的教學型態，而影響各項指標建議的次數。7.國幼班教保服務人員的表現符合教學專業能力指標所陳述的行為，故較少被巡輔員提出改善建議。

三、教保服務人員對教學專業能力建議之改善情形分析與討論

(一)教保服務人員對教學專業能力建議之改善情形分析

國幼班巡迴輔導機制已運作多年，因配合國幼班輔導系統的建置，故以下比較102學年及103學年教保服務人員對巡輔員入班觀察建議的改善情形。由表5-3資料所示，102學年教學專業能力指標整體改善率為0.76（1818/2406），103學年整體改善率為0.73（1247/1711）減少3%。102學年及103學年，在六個層面以及18個向度改善率的變化情形（103學年改善率減102學年改善率）：理念認

表5-3　教學專業能力層面與向度建議數及改善情形

層面	102學年改善率	103學年改善率	向度	102學年			103學年		
				建議總數	已改善數	改善率	建議總數	已改善數	改善率
理念認同	0.79	0.93	教育理念	38	30	0.79	14	13	0.93
課程規劃	0.72	0.69	課程設計	102	70	0.69	81	47	0.58
			教學設計	177	131	0.74	87	61	0.70
			環境規劃	504	364	0.72	505	358	0.71
教學執行	0.74	0.75	教學內容	382	270	0.71	288	232	0.81
			教學方法	259	200	0.77	170	113	0.66
			教學活動	248	190	0.77	157	119	0.76
			學習評量	60	45	0.75	43	34	0.79
			幼小銜接	6	4	0.67	7	4	0.57
班級運作	0.8	0.75	班級經營	262	202	0.77	176	128	0.73
			資源管理	108	94	0.87	48	41	0.85
尊重關懷	0.84	0.75	健康照顧	173	146	0.84	102	76	0.75
			家庭支持	16	13	0.81	7	7	1.00
			族群關注	0	0	--	0	0	--
			特殊幼兒資源連結	7	6	0.86	5	3	0.60
專業發展	0.83	0.52	自我管理與發展	40	35	0.88	13	7	0.54
			專業發展	14	9	0.64	6	2	0.33
			專業態度	10	9	0.90	2	2	1.00
整體				2,406	1,818	0.76	1,711	1,247	0.73

同層面的改善率增加14%，教育理念層面的改善情形增加14%。課程規劃層面減少3%，下屬各向度的改善情形，課程設計減少11%、教學設計減少4%、環境規劃減少1%。教學執行層面增加1%，其下各向度的改善情形，教學內容增加10%、教學方法減少11%、教學活動減少1%、學習評量增加4%、幼小銜接減少10%。班級運作層面減少5%，其下各向度的改善情形，班級經營減少4%、資源管理減少2%。尊重關懷層面減少9%，其下的健康照顧減少9%、家庭支持增加19%、族群關注無改善率（未提出改善建議）、特殊幼兒資源連結減少26%。專業發展層面減少31%，其下的自我管理與發展減少34%、專業發展減少31%、專業態度增加10%。

　　為瞭解102學年國幼班教保服務人員在教學專業能力指標的改善情形是否與103學年的改善情形有所不同？故以兩個獨立樣本百分比的差異進行顯著考驗，公式如下，並設定$\alpha = .05$的顯著水準（$Z_{.025} = -1.96$；$Z_{.975} = 1.96$）。

$$z = \frac{p_1 - p_2}{\sqrt{pq\left(\dfrac{1}{N_1} + \dfrac{1}{N_2}\right)}}$$

p_1是103學年的改善率；

p_2是102學年的改善率；

p是102學年及103學年的總改善率（總改善次數/總建議次數）；

$q = 1 - p$表示未改善的比率；

N_1是102學年的總建議次數；

N_2是103學年的總建議次數。

　　經考驗結果發現，102學年與103學年整體改善率差異達顯著水準（z = 3.57），且102學年的改善率高於103學年。分析102學年與

103學年六個層面及各向度改善率的差異情形，發現理念認同層面及其下的教育理念向度（z = –1.18）的改善率差異未達顯著水準。課程規劃層面（z = 1.22）及其下課程設計（z = 1.48）、教學設計（z = 0.69）、環境規劃（z = 0.47）三個向度改善率的差異未達顯著水準。教學執行層面（z = –0.57）及其下的教學活動（z = 0.19）、學習評量（z = –0.48）、幼小銜接（z = 0.35）改善率的差異未達顯著水準；教學內容（z = –2.92）與教學方法（z = 2.45）改善率的差異達顯著水準，教學內容改善率103學年高於102學年，而教學方法的改善率102學年高於103學年。班級運作層面（z = 6.54）改善率的差異達顯著水準，且102學年改善率高於103學年，但其下的班級經營（z = 1.04）與資源管理（z = 0.27）兩個向度改善率的差異未達顯著水準。尊重關懷層面（z = 1.89）及其下的家庭支持（z = –1.23）與特殊幼兒資源連結（z = 1.01）改善率的差異未達顯著水準；但健康照顧（z = 2.01）改善率的差異達顯著水準，且102學年的改善率高於103學年（族群關注向度未提出改善建議，故未進行考驗）。專業發展層面（z = 2.81）及其下的自我管理與發展（z = 2.60）改善率的差異達顯著水準，且102學年的改善率高於103學年；但專業發展（z = 1.28）與專業態度（z = –0.47）兩個向度改善率的差異未達顯著水準。

(二)教學專業能力建議改善情形之討論

102學年國幼班教保服務人員對巡輔員教學建議的改善率高於103學年，追究其可能原因為：1.巡輔員異動以及國幼班教保服務人員異動所致，原本國幼班教保服務人員已習慣巡輔員的輔導模式，更換巡輔員或更換教保服務人員都需要重新調整彼此的合作方式，且巡輔員與教保服務人員屬同儕視導的關係，其提出的建議未必被教保服

務人員認同，而導致103學年整體的改善情形不如102學年。2.減少輔導過程雙方的挫折感，因巡輔員提出改善建議的次數過多，易造成教保服務人員教學的挫折感；若提出的建議未能獲得改善，又易造成巡輔員的挫折感，為激發教保服務人員的教學熱忱與彼此的成就感，故提出的改善建議聚焦在教保服務人員可以改善的項目上。

　　教學理念涉及教保服務人員個人的教育信念或價值觀，要改變一個人的價值信念並非短時間可以達成，需要較長時間的醞釀才有可能改變。課程規劃、教學執行、班級運作與教保服務人員的教育知識背景有關，此知識又受到教育理念或價值信念的影響，進而影響教學的整體運作。巡迴輔導人員藉由定期入班觀察教保服務人員的教學活動，並依據入班觀察結果提出改善建議，要再進一步影響教保服務人員的教學信念，以及改變教保服務人員教學執行的模式實有其難度，或許如此102學年及103學年教保服務人員在教學相關層面的改善率未呈現顯著差異。但分析結果發現，班級運作層面102學年的改善率高於103學年，再細究其下的班級經營向度以及資源管理向度，發現兩學年的差異均未達顯著水準，因此班級運作層面差異達顯著水準是因為數據加總後改變了變異情形所致。分析教學執行層面下的教學內容，103學年改善率優於102學年，或許是近年「幼兒園輔導計畫」以及相關的研習活動，著重並提醒教保服務人員需落實健康教育、生命教育、安全教育、品格教育、性別平等教育（幼兒園教保服務實施準則，2015），要課程統整以及設計在地課程（教育部，2013a），使教保服務人員的教學內容有更多具體可以改善的方向。另外，102學年教學方法的改善率高於103學年，或許是因為教學方法向度下的指標：運用生動、多元化的教學技巧，受到「幼兒園教保活動課程暫行大綱」研習的影響，強調教保活動的實施通則，要以統整的方式實施課程、要規劃動態的學習情境並開展多元的學習活動、要重視幼兒

133

遊戲的價值，讓幼兒自主探索與學習等（教育部，2013a）。102學年教保服務人員剛接觸時嘗試改變的意願較高，但嘗試後發現改變教學方法並非想像容易，故103學年又回到原先的教學方法，或遭遇瓶頸裹足不前；亦有可能是因為教保服務人員與巡輔員異動的結果所致。

102學年及103學年在尊重關懷層面，以及其下的家庭支持面向的改善率未呈現差異，因為對地區弱勢、經濟弱勢或身分弱勢幼兒及其家庭的尊重與關懷，不應年度不同而有差異。另特殊幼兒資源連結向度改善率未達顯著差異水準，其主要可能的原因：評估特殊幼兒接受何種教育與照顧，應該由具備特殊教育專業的特教教師協助，並依據評估結果擬定個別化教育計畫（Individualized Education Program, IEP）或個別化支持計畫（Individualized Service Plan, ISP），教保服務人員僅是協助的角色，因此巡輔員提出的建議次數偏少，而改善率也未達顯著水準。尊重關懷層面的健康照顧向度，102學年的改善率高於103學年，是該向度下督導或提供幼兒均衡的營養餐點並培養幼兒健康飲食的觀念的指標所致，可能原因之一為近年專案團隊並未特別強調要檢視幼兒餐點情形，使得巡輔員較疏忽追蹤幼兒餐點及飲食習慣的改善情形；原因之二係101學年起，公立幼兒園正式招聘教保服務人員，使國幼班教保服務人員異動變大，巡輔員為了穩定教學，故將重心放在教學相關的建議上，而疏忽了幼兒的健康照顧向度。

教保服務人員的專業發展屬個人行為，但個人的專業發展卻會影響提供幼兒教育與照顧的品質，且專業發展是持續的行為，其改善情形理應一年比一年進步，但資料分析的結果卻發現102學年教保服務人員專業發展的改善率高於103學年，追究其可能原因仍是教保服務人員異動情形過大所致，巡輔員以穩定教保服務人員對幼兒提供教育

與照顧服務為優先建議的內容，當教學與保育工作穩定後才會依據其需求提出專業發展的建議，但人員異動快速且流動率大，使巡輔員尚未等到提出專業發展建議的時機，教保服務人員已經異動，因此對專業發展層面的建議次數偏少且改善率偏低。

伍、結論與建議

一、結論

(一)國幼班巡迴輔導機制對穩定偏鄉地區幼兒教保服務具有重要貢獻

教育部推動國幼班巡迴輔導機制，並由國前署、專案團隊、地方政府、巡迴輔導教授、巡迴輔導員組成工作小組，以會議、研習、定期入班觀察等形式執行輔導工作，協助、支持教保服務人員教學與保育工作並解決相關問題，對於穩定偏鄉地區幼兒的教保服務具有重要貢獻。

(二)教保服務人員教學專業能力指標，有助於聚焦輔導方向與提升教學品質

專案團隊以焦點座談法及模糊德菲法發展「國民教育幼兒班教保服務人員教學專業能力指標」，並進行實作測試與修正指標系統，其運用過程不僅可以使巡輔員聚焦輔導的方向，也可以使國幼班教保服務人員依指標的內容進行教學省思，作為調整教學與照顧幼兒的參考。

(三)國民教育幼兒班教學輔導系統降低輔導記錄檢核與轉錄的複雜度,並有效提升工作效率與資料分析的正確性

專案團隊為分析巡迴輔導員入班觀察輔導記錄之改善建議,以及追蹤教保服務人員對前次訪視結果建議的改善情形,由最早的人工檢核與轉錄階段,到引用Excel試算表的過渡階段,到最後建立資料庫形式的網路平臺,已明顯減少入班觀察輔導記錄轉錄過程出錯的情形,而由巡輔員依據入班觀察結果,直接點選改善建議及追蹤改善結果,不僅提高了工作的效率,也使專案團隊分析資料的正確性大幅提升。

(四)巡輔員提出的改善建議偏重教學相關層面,尊重關懷層面以及專業發展層面偏少

巡輔員102學年及103學年入班觀察教保服務人員之教保活動提出的改善建議,以課程規劃、教學執行及班級運作三個層面最多,其中環境規劃、教學內容、教學方法、教學活動、班級經營等五個向度提出的建議均超過100次,幼小衝接向度提出的建議最少,兩年均低於10次。尊重關懷層面以及專業發展層面提出的改善建議次數明顯偏少,除了健康照顧向度的建議次數超過100次,其餘如家庭支持、族群關注、特殊幼兒的資源連結、專業發展、專業態度等五個向度,兩年建議次數均低於20次,而族群關注向度未提出任何建議。

(五)102學年教保服務人員對整體建議的改善率高於103學年,且班級運作層面與專業發展層面,兩學年改善率的差異達顯著水準

102學年教保服務人員對巡輔員提出意見的建議改善率為0.76,以班級運作層面改善率0.94最高,課程規劃層面的改善率0.72最低;

103學年教保服務人員的改善率爲0.73，以理念認同層面改善率0.92最高，專業發展層面的改善率0.52最低。102學年教保服務人員對整體建議的改善率高於103學年（z = 3.57），差異達顯著水準，而102學年班級運作層面（z = 6.54）以及專業發展層面（z = 2.81）的改善率高於103學年，差異達顯著水準，其餘四個層面的差異未達顯著水準。

二、建議

「教育事務，經緯萬端」，要窮究教育現象背後所有可能的原因，非但不可行，也不可能。筆者以實際參與專案團隊以及國幼班輔導多年的經驗，並依據資料分析結果提出以下建議：

(一)修正指標系統名稱使其符合巡輔員入班輔導的關注重點

專案團隊可將「教學專業能力」指標名稱修正爲「教學與保育專業能力」指標，並透過教育訓練或研習，提醒巡迴輔導人員除了應關注教保服務人員教學的專業能力外，也應關注教保服務人員保育的專業能力，及其專業發展的情形，使教保服務人員提供幼兒教育與保育的服務能同步提升。

(二)重新檢視教保服務人員教學專業能力指標內涵的妥適性

專案團隊需再思考教學專業能力指標內涵，據以調整指標的內容與架構。可將內涵相近的指標予以修正或合併，如幼小銜接應爲教學內容的一部分，而教學內容的概念應該是教保服務人員對教學素材以及對知識內容的瞭解，而非執行教學的表現；又教學活動下選擇適切的教學形態，可以爲教學方法下的指標；而提供融合教育滿足特殊幼兒的需要，需視教育政策及學校行政的作爲，並非教保服務人員所能

137

決定等。經調整後不僅可以減少指標系統的數量，也可以降低巡輔員分類的困難。另外，指標內容可以再加入「保育照顧」的相關指標，使「教學與保育專業能力指標」的內容能更完整。

(三)專案團隊應帶領巡輔員討論需登錄教學輔導系統的建議，並進行追蹤改善的指標項目

巡輔員考量幼兒園主管或教保服務人員工作壓力，故篩選登錄教學輔導系統的建議項目，可能因此忽略幼兒需被照顧而未被照顧的項目。建議專案團隊應帶領巡迴輔導人員討論需要且必要登錄於教學輔導系統的建議項目有哪些？再依據所訂定的項目追蹤教保服務人員追蹤改善的情形，一方面有助於減少現場人員的壓力，一方面可以顧及兒童的最佳利益。

(四)將巡輔員提出較多建議的向度，列為優先研習的項目

102學年及103學年巡迴輔導員入班觀察提出較多建議的向度，包括課程設計、教學設計、環境規劃、教學內容、教學方法、教學活動、班級經營、健康照顧等八項。巡迴輔導員在擬定教保人員增能研習計畫時，可以將上述八個向度的內容列為優先規劃的項目。

(五)提醒與鼓勵教保服務人員建立教與學檔案，以利專業發展

巡迴輔導人員可利用月輔導會議或入班觀察時，提醒並鼓勵教保服務人員建立完整的教與學檔案，並舉辦教與學檔案管理相關研習活動，協助教保服務人員將教學與學習歷程記錄下來並進行教學省思。巡迴輔導人員在入班觀察之餘，可以深入瞭解教保服務人員的教學歷程，並據以提出教學與保育有關的改善建議，以利教保服務人員專業發展。

(六)多關注教保服務人員專業發展現況

　　《幼兒教育及照顧法》第15條規定：教保服務人員每年至少參加18小時以上的教保專業知能研習。持續性的專業成長是提升教學品質與學生學習成就的重要基礎，並且是教育改革的重要力量，因此建議巡輔員入班觀察教保服務人員教學表現時，可以同時關心教保服務人員專業發展的需求，並提供所需的資訊，尤其是近來幼兒教育改革的資訊，讓教保服務人員能「知變」瞭解教育發展趨勢、洞悉教改內容，以及掌握教保服務人員應有的時代責任；「應變」以幼教專業為本，運用專業知識與專業態度，提供幼兒教育與照顧服務；「求變」破除安逸的心態，營造不斷學習的組織文化，以適應社會變遷的需要。

　　（感謝教育部國民及學前教育署同意使用「國民教育幼兒班教學訪視及巡迴輔導工作暨『5歲幼兒免學費教育計畫』成效評估」專案研究成果報告部分資料，同意文號：臺教國署國字第1040124361號。）

5歲幼兒免學費教育計畫
執行成效分析

CHAPTER 6

☺ 壹、前言

　　「5歲幼兒免學費教育計畫」（簡稱免學費計畫）的緣起，受到國內社會發展、政黨政策以及國際間幼兒教育發展趨勢的影響。馬英九先生競選總統政見提出教育政策的主張，加上近年經濟不景氣導致父母親養育子女的經濟負擔沉重，臺灣有三分之二的6歲以下幼兒的父母親，因進入就業職場平時無法自己照顧子女，故有送托子女的需求（教育部，2014a）；又政府關注經濟弱勢、身分弱勢以及地區弱勢幼兒的學習情形，透過「扶持5歲幼兒教育計畫」提升幼兒入園率的政策成效，使政府採取教育與社會福利並重的方式推動免學費計畫，不僅考量到兒童的最佳利益，也負起政府照顧幼兒的責任。

　　普及幼兒教育以及受教年齡向下延伸，已是國際上幼兒教育共同發展的趨勢（教育部、內政部，2011）。世界主要國家對幼兒教育的做法雖不盡相同，但提供幼兒義務教育或免費但非義務教育的方向卻是相同的。如英國5歲幼兒可進入幼兒學校接受義務教育；美國學制是以5歲作為教育與保育劃分的年齡，5歲以後進入幼稚園，屬於公共教育的一環（吳文侃、楊漢清，2000；霍力岩，2002），教育經費由地方政府負擔，幼兒可以免費入學就讀（魏惠貞，2008）；法國幼兒教育相當普及且私立幼稚園亦可以接受政府的津貼補助，「免費」且「非義務性」的幼兒教育是最大特色（吳文侃、楊漢清，2000；施宏彥，2005）；日本2005年頒布「作為國家戰略的幼兒教育政策」，提出給予所有幼兒接受教育的機會和對3歲以上幼兒實施免費教育的主張，但因經費問題和黨派意見不同而未實現（曹能秀，2015）；芬蘭學齡前兒童的教育責任主要落在家庭教育上，6歲幼兒進入的學前幼兒班為免費但非義務的性質（陳淑琴，2007；劉豫鳳，2013）。

　　我國政府採非強迫、非義務的方式辦理「免學費計畫」（教育部、內政部，2011），並於99學年度在國幼班地區先行試辦，100學年度全面推動。就幼兒的受教權而言，此計畫可均衡城鄉間、經濟富裕與貧窮家庭間提供幼兒教育機會的差異，有助於達成教育公平理念及社會正義的精神。從家庭觀點而言，可提供母親工作誘因增加家庭經濟收入，有助於減輕家庭養育子女的負擔。從社會觀點而言，家庭經濟穩定有助於促進生育，以減緩人口結構失衡的現象，也可培養未來社會所需的人力資源。可見，正確的幼兒教育政策，不但可以促進幼兒發展，也可以使家庭及社會穩定發展。但「正確的」幼兒教育政策需要透過評估的歷程，瞭解利害關係人對政策執行過程的感受與評價，方能判斷政策的效用與價值。王皓平（2009）指出一個有意義的政策評估，應該是人民或政策利害關係人的評價，此評價的結果、反饋的訊息，才符合民主政治的價值內涵、才能反應民意的向背，以及該項公共政策續行的正當性。

　　「免學費計畫」自99學年度施行迄今已完成第一個5年期程，計畫是否達成預定的目標？是否得到利害關係人的支持？未來執行是否需要調整相關配套措施？這些疑問都必須檢視過去5年來的努力痕跡。因此，本文以「免學費計畫」擬定的目標：1.減輕家長經濟負擔，提高幼兒入園率；2.提供滿5足歲至入國民小學前幼兒充足的就學機會；3.建構優質之教保環境，確保幼兒所受教保的品質（教育部、內政部，2010，2011），及其預期達成的績效值作為評估基準，透過文件分析及焦點座談等方式，瞭解「免學費計畫」的執行成效。

貳、文獻探討

一、政策評估

1966年柯爾曼（J. S. Coleman）提出教育機會均等報告書（即Coleman Report），引發了後續學校效能及教育改革的相關研究，且美國國會於1965年通過實施「啓蒙計畫」（Head Start Project）與「小學與中學學校教育法案」（Elementary and Secondary Education Act），以避免種族、性別、階級等歧視，也符合當時社會講求績效與教育機會均等的脈絡（潘慧玲，1999）。然而隨著龐大資金的投入，若沒有採取適當且負責任的措施恐浪費資源，因此1960年代末期至1970年代初期，有關應該如何進行政策評價的討論十分活躍，也產生許多影響教育政策的評估報告（袁振國，2010）。

政策評估結果可以作爲施政方向的依據，或檢視政策執行的成果與效益，進一步作爲資源分配的手段，因此政策評估已受到政府部門的重視。公共政策推動的過程，一般包括計畫、執行、考核三個階段，且三個階段彼此間關係緊密、相互影響。李允傑、丘昌泰（2009）指出以政策評估作爲衡量公共政策執行的成效，包括檢視資源分配的妥適性，以及運用科學方法有系統的評估公共計畫兩層意義。政策評估的重要性在於可以作爲政策施行方向的依據、檢視政策執行過程中可能產生的偏誤，以及衡量政策目標達成的程度，因此一般企業組織、非營利組織以及政府部門，愈來愈重視政策評估。

政策評估主要目的在於瞭解政策執行的過程，是否依據預定方向及內容進行，以及達成目標的程度。就公部門而言，即檢驗政府的決策行動進而瞭解決策行動後的影響（Shafritz & Borick, 2008）。吳定（2005）、林水波（2006）、林鍾沂（2002）、Dunn（2008）、

Patton（2002）以及Rossi、Lipsey與Freeman（2004）認為，政策評估是指政策評估人員利用系統性的方法與科學技術，蒐集與政策相關的各種資訊，並衡量政策規劃與執行的可行性，以及執行政策所需的投入，執行結果的產出與效能的一系列過程，並依據評估結果提出改進政策的建議。簡言之，就是透過有系統的方式蒐集與政策相關的資訊，並以客觀的方法衡量政府執行各項政策是否正確、有效，以及作為持續推動或終止政策的參考。

　　綜合學者定義認為政策評估是以嚴謹的科學方法為基礎，採系統性的行動蒐集客觀資料並進行資訊的分析與判定，以衡量政策內容的適切性與可行性，進而作為管理、修正或終結政策的依據。由此可歸納出政策評估的四點特性：

1. 以嚴謹的科學方法作為評估的基礎；
2. 以有系統的方式蒐集客觀的資料；
3. 是一項價值評判的工作；
4. 監控或改善現有政策的執行情形。

　　教育政策屬於公共政策的一環，其規劃、執行、檢核是以教育議題為核心。劉仲成（2005）認為教育政策是有關國家處理公眾教育的策略，是政府對公眾教育作為與不作為的採擇，同時也是國家對於教育意志的表現。依此看法，「免學費計畫」是政府處理幼兒教育機會均等的積極作為，表現政府對於促進幼兒教育公平、提升幼兒教保服務品質的企圖與意志。「免學費計畫」是我國政府推動重要的學前教育政策之一，有其執行的方式以及欲達成的目標，因此有必要對「免學費計畫」進行評估，以呈現計畫的重要性與價值。

　　張芳全（2001）、盧美貴與謝美慧（2002）認為，教育政策評估是以科學的方法與技術，進行相關資料的蒐集、分析與判斷，以掌握教育政策執行及形成的歷程。教育政策的制定與執行過程應緊密配

合，可使教育政策付諸實施以利達成政策目標（顏國樑，1997）。教育政策評估與公共政策評估具有相同的特性，且教育政策推動的每一個階段都有不同的目的與功能，因此政策執行前、執行中以及執行後都應該進行評估。教育政策執行前的評估，主要在於瞭解教育政策的需求；執行過程的評估，可探討執行過程的適切性與執行方向的正確性，以瞭解教育政策執行的情形及產生的問題，並作為調整政策方向的參考；執行結果的評估，主要檢視政策執行的結果作為判斷成效的重要依據，且可作為政策持續推動或終止的參考。

二、國際間執行兒童教育與照顧之相關計畫

國際勞工組織（International Labor Organization）於2004年推估全球有超過1億位學齡兒童未能接受基本教育，健康與貧窮問題不僅困擾著發展中國家，教育先進國家也為其所苦（吳清山、林天祐，2004）。UNESCO（2005）在「全民教育」（Education for All, EFA）指出，教育品質的首要目標是要改善幼兒早期的照顧與教育，因此許多國家紛紛投入資源在幼兒教育上，提供兒童均等、優質的教育環境，並確保每一位兒童都能接受教育。以下說明主要國家對弱勢兒童教育的相關計畫。

(一)美國啟蒙計畫

美國於1965年基於大社會（Great Society）理念，由前總統詹森（Lyndon B. Johnson）提出對貧窮作戰（The War on Poverty）以改善當時貧窮的情形。「啟蒙計畫」主要服務的對象是低收入家庭以及有特殊兒童的家庭，其中低收入家庭通常包括黑人、單親家庭、少數民族、文盲等（王淑英、何慧卿，2004）。計畫目的是提供弱勢貧

窮幼兒全方位的政策，此政策結合教育、福利、家長、社區等資源，以滿足幼兒在社會情緒、健康營養與心理發展的需求，以及對家庭提供支持等服務，並保障低社經地位家庭的幼兒也能享有公平的教育機會和教保品質，以激發潛能並培養責任心和自信心（北市教保人員協會，2004；王淑英、何慧卿，2004；林昭慧，無日期；潘慧玲，1999；Office of Head Start, 2015）。

「啟蒙計畫」不但重視幼兒的社會、人格及認知層面的發展，對於家庭的介入及自信心的培養也同樣重視。Salisbury與Vincent（1990）指出，參與學前「啟蒙計畫」的學生，在身體、認知、情緒和社會能力的發展較好，義務教育階段需要特殊教育服務的年限也較短；追蹤研究發現，有參加計畫的學生在日後的犯罪率、未婚懷孕，以及接受社會救助的比例較低，順利就讀大學的比例也較高。

(二)美國Obama教育計畫（Obama education plan）

美國總統歐巴馬（Barack H. Obama）於2009年提出「邁向巔峰教育計畫」（Race to the Top Program），透過鼓勵和獎勵州政府締造教育創新和改革的條件，以改善學生的學習成果，並實踐四個教育改革的核心領域：採用標準化的評量，來衡量學生；建立資料系統，衡量學生的成長和成就；招聘、發展、獎勵和留住有效的教師與校長；改善（Turning around）低成就的學校（U.S. Department of Education, 2009）。

歐巴馬總統提出的教育計畫主要是為了協助美國兒童迎接未來世界的挑戰，計畫中包括早期幼兒教育、K-12教育、高等教育，以及特殊學生的教育（何文純，2010）。以下針對早期幼兒教育的「0歲到5歲教育計畫」（Zero to Five Plan），以及K-12教育的「改革不讓孩子落後法案」（Reform No Child Left Behind Act）說明之。

1. 0歲到5歲教育計畫

嬰幼兒在一天中與照顧者（caretakers）相處時間多於父母親的情形愈來愈普遍，因此需要確保嬰幼兒接受的照顧是合宜的且實惠的（accessible and affordable），除此之外，政府應該提供高品質的早期教育經驗以滿足幼兒的需求（Obama & Biden, 2009），也應該提供對幼兒父母的支持（何文純，2010）。

「0歲到5歲教育計畫」是對幼兒教育和照顧提供整合性的服務，如提供資金爲懷孕婦女及兒童創造高品質的幼兒教育與照顧計畫；擴展「及早啓蒙計畫」（Expand Early Head Start）以增加嬰幼兒參加及早教育計畫的數量，使更多的孩子可以在及早教育計畫的目的下，促進孩子社會、情感、認知和身體發展，並支持父母親和照顧者對幼兒早期的照顧，並且鬆綁（unlock）啓蒙計畫與及早啓蒙計畫，使其能重新授權（reauthorization）以提高質量，並促進與其他幼兒計畫的合作（Obama & Biden, 2009）。

2. 改革不讓孩子落後法案

前美國布希（George W. Bush）總統於2002年1月8日簽署「不讓孩子落後法案」（No Child Left Behind, NCLB），目的是以政府的力量結合民間資源協助少數民族後裔、貧困兒童等弱勢族群，提供他們公平的教育機會，期望以教育的方式消除社會不公的情形。NCLB法案是美國對中小學教育進行的全面改革，強調學校應承擔的績效責任（accountability），並致力於改善經濟不利或弱勢家庭子女在學校的學業表現與閱讀能力，充分照顧每位學生並拉近學生學業成就的差距，同時擴充家長的教育選擇權，以及提升教師教學品質等（吳靜宜，2007；張明輝，2002；鄭勝耀，2004; NCLB, 2002）。

Obama與Biden（2009）認爲NCLB確保所有的孩子都能達到高

標準的目標是正確的，但法案不能強迫老師、校長和學校在沒有資源的情形下完成NCLB的目標，因此提出「改革不讓孩子落後法案」，透過改善與改變評量方式追蹤學生的進步情形，提供師生及時回饋以促進學生學習，也調整績效責任系統來支持學校改進以取代對學校的處罰，並採用適切的方式持續評量所有學生和學校的進步情形。

(三)英國確保開始方案（Sure Start）

英國教育與技術部（Department for Education and Skills, DfES）於1999年提出「Sure Start計畫」，是工黨執政之後的一項評估報告，該方案定調為跨部門的方案，經費編列由教育部門負責，協調事宜則由公共衛生部負責，其他相關部門參與協調會報（吳清山、林天祐，2004）。「Sure Start計畫」主要目的是透過對幼兒的照顧服務，以提升幼兒身心健康發展，並支援家長養育子女和投入工作，來解決貧窮兒童的問題。

「Sure Start計畫」分為三部分：1.提供3歲至4歲幼兒每週12.5小時的照顧與教育，期望提升幼兒社會發展與情緒發展、增進幼兒健康、改進幼兒學習能力、強化家庭與社區功能；2.提供貧窮和偏遠社區幼兒教保機構的數量，並提升教保機構的服務品質；3.提供醫療保健與家庭支援等服務，同時也提供幼兒父母親在工作上與家庭生活上的服務（葉郁菁，2006；鄭勝耀，2004；Sure Start, n.d.）。

除了「Sure Start計畫」外，英國政府於2003年提出「每一位兒童都重要計畫」（Every Child Matters）以促進兒童身心健全發展；2004年底英國財政部、教育與技術部以及勞工部等部門，共同頒布「兒童照顧十年策略：提供家長選擇及兒童最佳的起跑點」（Choice for Parents, the Best Start for Children: A Ten-Year Strategy for Childcare），作為英國學前教育執行的基本準據。2006年提出《兒童照顧

法》（Child Care Act, 2006）訂定地方政府對兒童福祉與保育的責任和權限，並訂定兒童保育的規定以確保雙薪家庭的幼兒可以獲得充分的照顧。2012年9月全面實施「幼兒基礎階段計畫」（The Early Years Foundation Stage, EYFS），要求照顧5歲以下兒童的托育機構，都應該依據幼兒基礎階段計畫的學習與發展綱要，提供兒童照顧與教育，以保障每一位幼童都能夠身心舒適及健康生活，並在安全環境中快樂學習與成長（立法院國會圖書館，2015）。

(四)加拿大的兒童教育及照顧相關計畫

加拿大人力資源部（Human Resources Department）於1999年推動「瞭解早年計畫」（Understanding the Early Years, UEY），目的是增進對幼兒發展的知識、監督政府對促進兒童發展和福利的成效，以及催化社區提供支持幼兒家庭的功能（蕭芳華、連寶靜，2010）。「瞭解早年計畫」主要服務對象為懷孕期的女性至6歲幼兒及其家庭，計畫的工作內容包括推廣懷孕期、出生嬰兒及幼兒期的健康保健，以改善0歲至6歲幼兒的各項發展；提供父母和家庭的支援，協助父母履行親職責任；加強幼兒的早期發展、照顧及教育；強化社區對幼兒及家庭的支援網絡以回應幼兒需要等（香港社會服務聯會，2005；蕭芳華、連寶靜，2010）。Bacon與Brink（2003）彙整「瞭解早年計畫」結果指出：父母親教養子女的技巧有明顯提升，如能積極回應子女的需求、以民主的方式培養孩子的獨立能力，且有能力提供子女良好的家庭生活；社區可提供社會支持、社區安全（neighborhood safety）、居住穩定性（residential stability）以及可用的資源，來滿足家庭照顧幼兒的需求；社區服務的資源（resources）包括服務地點、數量以及服務品質等，可直接影響幼兒的發展，還可增進對家庭的社會支持。此計畫已於2011年3月結束，提供了幼

兒發展、家庭和社會對幼兒的影響，以及地區資源可支持幼兒及其家庭等訊息（Employment and Social Development Canada, 2015）。

　　2006年加拿大政府推動「一般兒童照顧津貼」（Universal Child Care Benefit, UCCB），協助家庭在工作和家庭生活間取得平衡，並藉由直接財務補助的方式，支持家長對兒童照顧的選擇。2015年UCCB對6歲至17歲兒童提供津貼，以及對6歲以下幼兒的父母提供更多的補助（payments）（Canada Revenue Agency, 2015）。2015年推動「一般兒童照顧計畫」（Universal Child Care Plan），仍維持直接補助家長經費的方式提供對一般兒童的照顧；另外，每年提供2.5億加幣在不同地區設立新的兒童照顧空間，以滿足家庭的托育需求（Employment and Social Development Canada, 2015）。

(五)香港學券計畫

　　香港立法會（2006）要求香港政府讓幼兒享有均等的教育機會，並落實提升師資專業、提供幼兒具安全與啟發性的學習環境、加強社會教育與親職教育，以樹立優質的幼兒教育新文化。香港教育統籌局於2006年至2007年施政報告提出「學前教育學券計畫」（簡稱學券計畫），承諾在學前教育投放更多資源，藉以進一步提升學前教育的質素。其目標包括資助所有幼稚園校長及教師提高專業資歷、資助幼稚園發展津貼以增加教學資源、提供符合資格的私立獨立幼稚園轉制津貼，鼓勵它們轉型為非牟利幼稚園、參加學券計畫的幼稚園需經素質保證機制評審，符合標準的幼稚園才可兌現學券（香港特別行政區政府教育統籌局，2007）。

　　學券計畫是直接提供家長學前教育學費的資助，並逐年增加補助費用以減輕家長經濟負擔。學券面值包含支援教師專業發展的費用，同時也期望透過學券計畫增加學校的透明度，協助家長選校，並提升

151

幼稚園的素質與效能（香港特別行政區教育局，2009）。2010年教育統籌委員會提出學券計畫檢討報告，建議每年考量通膨因素檢討學費門檻資格上限與學券面值，並對經濟有需要的家庭提供學券以外的資助，使其獲得更適切的援助；邀請專業人士對參加學券計畫的幼稚園進行素質評核，以增加幼稚園的透明度，並設立監督機制關注長期表現不佳的幼稚園；加強家長（親職）教育及鼓勵家長和幼稚園合作；提升幼稚園教師及校長（園長）的專業水準；聘任具有幼兒教育證書資格的教師，並達到1:15的師生比；修訂發放學券的期數，並簡化學券資助的發放程序；發還幼稚園租金及差餉政策內容等（香港新聞公報，2011）。

(六)日本幼兒教育與照顧政策

2001年日本文部科學省提出「幼兒教育振興計畫」，主要內容包括充實幼兒園的教育活動和教育環境、支援兒童養育、促進幼小銜接，以及增進幼稚園和保育所之間的溝通和聯繫（曹能秀，2015），期望能提升幼稚園的環境品質與教員素質，促進教師間、家長間的交流，並促使幼稚園和保育所整合的可能。

2006年日本修訂通過《教育基本法》，修正重點在於重新檢討教育目的與理念，其中與幼兒教育有關的部分，包括新增幼稚園與家庭和社區關係；家庭教育並規定育兒是家庭的第一責任，但國家與地方政府應予以支援；延長幼兒托育時間，並將幼稚園放到法律規定的最前面，以突顯幼稚園是學校的定位，以及幼稚教育的重要性（翁麗芳，2006，2010，2011）。

1998年日本修訂《幼稚園教育要領》，要領特點包括重視幼兒遊戲；確保幼兒為課程活動的主體；課程組織與目標需考量教學時間、幼兒的生活經驗及發展；重視幼稚園與家庭、社區的合作；關

注幼稚園與小學的銜接，以及特殊幼兒的教育（幸曼玲，2006）。2008年再次修訂《幼稚園教育要領》，修訂重點包括以發展和學習連續性的觀點充實幼稚園的教育、連結幼稚園與家庭生活、提供對家長育兒的支援（翁麗芳，2010）；2010年發放「育兒津貼」，是為了彌補幼托制度改革不成功的民怨（翁麗芳，2011）。

2006年制定《就學前兒童教育、托育綜合提供促進法》，以確立認定幼兒園制度，其立法目的是以既有的幼稚園和托兒所為基礎，進而建立完善的學前教育與托育體系，為學齡前兒童提供綜合性幼托服務；2012年完成修正《就學前兒童教育、托育綜合提供促進法》，以擴充幼稚園與托兒所既有功能，並促進幼稚園與托兒所一元化，彼此合作互補不足之功能，以保障兒童享受同等幼托服務權利（立法院國會圖書館，2015）。

(七)其他

為了保障幼兒享有均等接受學前教育的權利，除了上述國家提出的學前教育資助計畫外，尚有瑞典政府對於學前教育投資的兩項重要措施：降低學前教育的收費、以及從2003年起提供所有4歲至5歲幼兒免費的學前教育，促使學前教育的普及化（UNESCO, 2002）。德國提出「兒童的未來機會──從一開始的教育」（Zukunftschance Kinder-Bildung von Anfang an）計畫，彌補弱勢家庭中發展遲緩兒童學習受阻的情形，同時提高對幼稚園的經費補助，讓更多2歲以上的幼兒可以入園，且上小學前一年進入幼稚園者免繳學費，以確保每位兒童的入學機會（駐德國代表處教育組，2007）。2008年12月10日德國通過《3歲以下兒童日間托育機構及日間照顧補助法》，規定各邦必須提供足夠的幼兒托育名額、托育照顧法擴大適用至所有年滿1歲至3歲之幼兒、聯邦補助擴增幼兒日間托育之規範，並且每

153

年必須提出兒童托育補助法的實施成效報告（立法院國會圖書館，2015）。韓國2004年提出的《學前教育法》規定學前一年免費教育，且所需的費用全部由中央和地方政府共同承擔（龐麗娟、夏婧、張霞，2010）。

綜上所述，不同國家提出幼兒教育與照顧計畫，都是體認學前教育與照顧對幼兒未來發展的重要性，也突顯對幼兒人權的關注，如同「兒童權利公約」中所述：兒童有受教育的權利，以充分發展兒童的個性、才智和身心能力，培養其對人、事、物的尊重。此外，也反應各國在實踐教育機會均等或教育公平的理念努力結果；亦可以發現國家對幼兒教育與照顧所負起的責任，有助於減緩家庭照顧幼兒的經濟壓力。我國政府對學前教育的投入，不僅有助於個體、社會及國家未來發展，更有利於營造公平正義的社會以促進社會祥和發展。

三、5歲免學費教育計畫目標、評估指標與評估基準

(一)計畫目標

我國教育部及內政部（2010）發布「5歲幼兒免學費教育計畫」，此計畫採非強迫、非義務的方式，辦理一般幼兒及經濟弱勢幼兒免費就學的補助計畫，以達成以下三項目標：

1. 減輕家長育兒負擔，提高入園率。
2. 提供滿5足歲至入國民小學前幼兒充足的就學機會。
3. 建構優質之教保環境，確保幼兒所受教保品質。

從其目標觀之，父母負擔養育子女的教育及保育費用昂貴，且經濟弱勢家庭無法讓其幼兒就學，因此由政府提供5歲兒童免學費教育及弱勢家庭的加額補助，不僅可以減輕家長的育兒負擔，也可以讓經濟弱勢幼兒有機會接受學前教育，並提升幼兒整體的入園率。另外，

公立幼兒園無法提供全國5歲幼兒就學的需求，故將就讀私立幼兒園之5歲幼兒納入補助對象，可充足幼兒的就學機會以實踐教育機會均等之理念。教育機會均等不應只是提供幼兒相同的就學機會，更應該顧及幼兒接受教育與照顧的品質，因此建構優質教保環境，確保幼兒所受教保品質，則是達成教育公平的積極作為。

(二)評估指標與評估基準

為了達成「免學費計畫」的政策績效，依據計畫目標訂定評估指標及評估基準，陳列如下：

1. **入園率**
   (1) 整體滿5足歲至入國民小學前幼兒入園率。
   (2) 家戶年所得50萬元以下家庭之滿5足歲幼兒入園率。
   (3) 各年度家戶年所得50萬元以下家庭單一性別幼兒之入園率不低於全體家戶年所得50萬元以下家庭滿5足歲幼兒入園率之0.2%。

2. **就學機會及優質環境之建構**
   (1) 符合私立合作園所（含國幼班）之比率。
   (2) 原住民地區國民小學附設幼稚園比率。

3. **5歲幼兒所受教保品質**
   (1) 教保人員具專科以上學校學歷之比率（含在學者）。
   (2) 家長對5歲幼兒入學後生活教育及正常化教學之滿意度。

各學年度5足歲至入國民小學前幼兒入園率、就學機會及學習環境，以及所受教保品質之評估基準，如表6-1所示。

表6-1 各學年度「免學費計畫」各評估指標之評估基準

評估指標	學年度	99學年	100學年	101學年	102學年
入園率	全國5歲幼兒入園率	92%	93.5%	94%	95%
	家戶年所得50萬元以下家庭之滿5足歲幼兒入園率	93%	94%	95%	95.5%
	家戶年所得50萬元以下家庭單一性別幼兒之入園率不低於所得50萬元以下家庭幼兒入園率之0.2%				
就學機會及優質環境	符合私立合作園所（含國幼班）之比率	85%	85%	85%	85%
	原住民地區國民小學附設幼稚園比率	78%	80%	82%	83%
幼兒所受教保之品質	教保人員具專科以上學校學歷之比率（含在學者）	--	65%	70%	75%
	家長對5歲幼兒入學後生活教育及正常化教學之滿意度	85%	85%	85%	85%

資料來源：彙整自教育部、內政部（2010，2011）。

☺ 參、研究方法

Kaplan與Norton（2003）指出：如果組織不能衡量，就無法進行管理；若不能說清楚策略，就無法加以衡量。Hatry（2002）認爲績效管理是以正確的方法做正確的事情，以追求最佳化的公共服務，故評估政策的績效已成爲政策落實與管理重要的一環。本研究欲瞭解「5歲幼兒免學費教育計畫」政策目標的實踐情形？因此，採文件分析法（document analysis）以及焦點團體法（focus group），瞭解政策實施後的成果。

文件分析法主要在解釋某特定時間、某特定狀態，或在某期間

內該現象發生的情形（王文科、王智弘，2009）。文件是現成的資料，其分布範圍很廣，大致有四個主要來源：1.政府機關的文件與紀錄；2.私人文件；3.大眾傳播媒體；4.社會科學的研究檔案等（黃國彥，2000）。教育部自99學年度至103學年度連續五個學年，委託專案團隊[1]分析幼兒家長對「免學費計畫」的滿意度、家長的育兒負擔及該計畫對家長生養意願的影響；另外，專案團隊亦蒐集「免學費計畫」相關的統計資料，以檢核其評估指標的達成情形。

　　焦點團體座談是針對某特定議題，邀集學者專家、利害關係人等6至12位參與者，以團體座談、面對面討論的方式，進行資料蒐集的方法，如此可以蒐集到較為真實且深入的意見（王文科、王智弘，2009；吳清山、林天祐，2001；瞿海源，2007）。Stewart、Shamdasani與Rook（2007）指出，有愈來愈多研究者採用焦點團體方法，主要是因為此方法對於社會脈絡的深層解釋，以及利害關係人互動現象的探索，經常可以獲得特別的資訊。本研究邀請教保服務團體、教師會、公立與私立幼兒園教保服務人員等參與焦點座談，瞭解利害關係人對「免學費計畫」執行後的實際看法與感受，以進一步詮釋「免學費計畫」達成目標的情況。

肆、免學費計畫政策評估結果

一、免學費計畫之評估指標結果

　　「免學費計畫」訂定三大項及七小項的評估指標，並訂定指標評

---

[1] 國民教育幼兒班教學訪視及巡迴輔導工作暨「5歲幼兒免學費教育計畫」成效評估。

估基準（參閱表6-1）作為政策執行結果的評估依據，茲將所蒐集的資料說明如下：

(一)5足歲幼兒入園率

提高5歲幼兒入園率是「免學費計畫」的目標之一，評估指標關注全國5歲幼兒入園率、經濟弱勢5歲幼兒入園率，以及5歲幼兒不同性別的入園率。全國5歲幼兒入園率由99學年的93.96%上升至103學年的96.18%，其中僅102學年5歲幼兒入園率下降至93.74%，且未達到評估基準的95%，其餘各學年均達到評估基準設定的目標。家戶年所得50萬元以下家庭之滿5足歲幼兒入園率，自99學年的94.59%上升至103學年的96.08%，各學年均達到評估基準設定的目標。家戶年所得50萬元以下家庭單一性別幼兒之入園率，男童入園率自100學年度的95.5%浮動至103學年的96.1%，均低於家戶年所得50萬元以下家庭幼兒入園率之0.2%，達成評估基準的目標；女童入園率自100學年度的95.4%浮動至103學年的96.3%，其中102學年度所得50萬元以下家庭之5歲女童的入園率，低於家戶年所得50萬元以下家庭幼兒入園率（95.4 － 97.75 ＝ －0.35）之0.2%，未達評估基準的目標，如表6-2。

另外，全國原住民5歲幼兒入園率，自99學年的94.22%上升至103學年的97.39%；原住民地區原住民5歲幼兒入園率，自99學年的95.82%上升至103學年的98.07%（表6-2），均呈現逐年成長的趨勢。資料顯示「免學費計畫」可平衡不同性別幼兒的入學機會，以及促進經濟弱勢以及身分弱勢幼兒的就學機會，有助於達成教育機會均等的理念。

由訪談教保服務人員的資料顯示，經濟弱勢家庭因為政府補助款可以減輕父母親不少的經濟負擔，也可提升父母讓孩子就學的意願，對提升幼兒入園率有很大的助益。

表6-2　不同背景之5足歲幼兒入園率

評估指標＼學年度	99學年	100學年	101學年	102學年	103學年
全國5歲幼兒入園率	93.96	94.50	94.60	93.74	96.18
家戶年所得50萬元以下家庭之滿5足歲幼兒入園率	94.59	95.37	95.60	95.75	96.08
家戶年所得50萬元以下家庭之5歲男童入園率	--	95.50 (-0.13)	95.70 (-0.10)	95.60 (0.15%)	96.10 (-0.02)
家戶年所得50萬元以下家庭之5歲女童入園率	--	95.40 (-0.03)	95.60 (-0.00)	95.40 (0.35)	96.30 (-0.22)
全國原住民5歲幼兒入園率	94.22	95.76	96.33	97.19	97.39
原住民地區原住民5歲幼兒入園率	95.82	96.71	96.93	97.71	98.07

資料來源：教育部國民教育與學前教育署（2015）。全國幼兒園幼生管理系統。

註：（）數值為家戶年所得50萬元以下家庭之5歲男童（女童）入園率－家戶年所得50萬元以下家庭之滿5足歲幼兒入園率

　　有5歲幼兒免學費教育補助，減低了偏鄉收入不豐家庭的經濟壓力，讓家長更有意願讓幼兒就讀，尤其是幫助弱勢孩子能繼續留在幼兒園裡，受到教保人員的照顧，過正常的生活、接受良好的學前教育。

　　有些家庭較弱勢，因有補助才有能力讓幼兒就讀，如有一個單親母親生了四個子女，但因沒人可照顧幼兒，因此無法就業賺錢讓孩子就學，因補助計畫讓她的孩子有就學機會。

(二)就學機會及環境

行政院公報（2011）指出：私立幼兒園參與合作園所之目的：建

構合宜之教保環境及服務品質，以確保幼兒之基本權益。參與合作園所必須具備下列條件：

1. 建築物需經過公共安全檢查，並經直轄市、縣（市）政府備查。

2. 於全國幼教資訊網及全國幼生管理系統，詳實登載全園教職員及全園幼生相關資料。

3. 教保服務人員學歷應符合《幼兒教育及照顧法》規定。

4. 教保服務人員全年應參與幼教、幼保知能研習至少18小時。

5. 全園各收費項目、收費數額及收費期間，登載於教育部指定網站，且收費總額不得高於最近一次登載於指定網站之合作園的收費總額。

6. 落實教學正常化，教保課程融入生活教育，不得以全美語或於每日上午安排美語課程，以及聘用外籍教師進行教學。

7. 教保服務人員勞動條件不得低於《勞動基準法》之規定。

「免學費計畫」訂定各學年度符合私立合作園所比率的評估基準需達85%以上， 99學年至101學年經地方教育局審核後，符合合作園所條件者均達95%以上；102學年後以全國公私立幼兒園進行統計，有99.9%的幼兒園符合合作園所的條件，超越評估基準十個百分點以上，如表6-3。

依據我國《憲法》及《原住民族基本法》，政府應保障原住民族教育之權利，因此挹注教育經費補助原住民族地區幼兒近便的就學機會，便成為政府應盡之責任。教育部於94學年度起將原住民族地區納入「扶持5歲弱勢幼兒及早教育計畫」的實施對象，提供原住民族5歲幼兒就學補助，並挹注教育經費補助地方政府在原住民族地區增設公立幼兒園（班）（教育部、行政院原住民族委員會，2013），

表6-3　幼兒就學機會及環境成效值

評估指標 ＼ 學年度	99學年	100學年	101學年	102學年	103學年
符合私立合作園所（含國幼班）之比率	95.53%	95.38%	97.09%	99.96%（公私立）	99.93%（公私立）
原住民地區國民小學附設幼兒園比率	279（80.40%）	282（81.27%）	289（83.29%）	292（84.15%）	292（84.15%）

資料來源：教育部國民教育與學前教育署（2014）。全國教保資訊網。

以改善原住民族地區幼兒的就學機會。

　　依據國前署統計資料，原住民地區國民小學共計347間，99學年附設幼兒園僅128間（附設幼兒園比例為36.89%），其後因實施「扶幼計畫」陸續增班設園，至2015年臺灣本島原住民地區國小附設幼兒園已達292間（附設幼兒園比例為84.15%）。各學年原住民地區國小附設幼兒園比率均高於評估指標的基準值（參閱表6-3），且原住民地區國小附設幼兒園數目呈現逐年增加的趨勢。

　　提供幼兒近便、普及與優質的學前教育是政府努力的目標。從對合作園所的規範可以看出：環境安全是幼兒在幼兒園中生活與學習最重要且基本的要求；建置幼生管理系統以及全國幼教資訊網平臺，可以瞭解幼兒的就學情形，以及教保服務人員的學經歷背景；以法律規範教保服務人員學歷、在職進修時數、課程與教學的實施方式，以及薪資福利等，不僅可以確保教保服務人員專業的基本素養，並可維護其基本工作保障，以利提升教保服務的品質及幼兒受教權益。在原住民族地區增設幼兒園提供原住民族幼兒獲得充足就學的機會，此作法與OECD（2011）和UNESCO（2005, 2006）建議國家應增加對幼兒教育及照顧的公共資本，改進對幼兒時期的照顧和教育，特別是針對

貧窮兒童，以保證弱勢家庭子女的優勢成效的主張一致。

(三)5歲幼兒所受教保品質

簡楚瑛（2003）指出各國在談及幼兒教保品質時，常會涉及師生比、人員素質及訓練；歐美常以結構品質與過程品質二個層面評估幼兒園，而結構品質的內涵包括教師的教育程度及專業訓練（陳雅鈴、高武銓，2011）。依據《幼兒教育及照顧法》第21條規定：教保員須完成專科以上學歷。故以專科學歷作為基準，評估幼兒園教保人員專科以上學歷的比率有其合法性。依據全國幼教資訊網填報系統資料，99學年度全國教保服務人員學歷為專科以上者已達85.62%；102學年教保服務人員具專科以上學歷者占89.93%；103學年具專科以上學歷的教保服務人員已高達91%，各學年教保服務人員具專科以上學歷均高出評估指標的基準值，如表6-4。

表6-4　5歲幼兒所受教保品質成效值

評估指標 ＼ 學年度	99學年	100學年	101學年	102學年	103學年
教保人員具專科以上學校學歷之比率（含在學者）	85.62%	86.83%	88.82%	89.93%	91.00%
補助教保服務人員進修專科以上學校幼教幼保科系人次	1,188	1,637	2,541	1,449	871
家長對5歲幼兒入學後生活教育及正常化教學之滿意度	96.6%	94.2%	98.5%	98.3%	98.8%
家長對環境品質之滿意度	--	93.2%未區分	98.7%	98.6%	98.6%
家長對教保品質之滿意度			99.7%	99.5%	99.4%

資料來源：教育部國民教育與學前教育署（2014）；張孝筠、孫良誠（2011，2012，2013，2014a，2015）。

　　改善教育品質首在提升教師的專業表現，有高素質的教師才有高品質的教育（楊深坑、黃嘉莉、黃淑玲、楊洲松，2005）。國前署102年修正《補助推動提升私立幼兒園（含國幼班）教保服務人員專業素質作業要點》，其目的爲了執行「免學費計畫」相關規定，協助教保服務人員提升專業素養以保障幼兒所受教保品質（教育部，2013b）。教育部自99學年度起提供經費補助未具備教保服務人員資格者，至103學年度共補助7,686人次，如表6-4。政府補助部分費用給任職於私立合作園所並繼續在職之高中職學歷教師、教保員或助理教保員，協助其取得專科以上學校幼教幼保相關科系學歷，此有助於提升教保服務人員學歷及專業素養。受訪的教保服務團體表示：

　　　　此項補助可提升教保服務人員的資格，而且參與人員相對的也可提升專業知能，對自己更有信心；家長對其在專業上也更加信任；也可相對增加教保服務人員的薪資。

　　一個有意義的政策評估，應該是人民或政策利害關係人的評價（王晧平，2009）。教育部99學年推動「免學費計畫」即將家長對5歲幼兒入學後的滿意度列爲績效評估項目，且透過專案團隊進行滿意度調查[2]。調查結果顯示，歷年家長對5歲幼兒入學後滿意度介於94.2%至98.8%之間（張孝筠、孫良誠，2011，2012，2013，2014a，2015），高於評估指標的基準值，如表6-4。

　　結構品質與過程品質是評估幼兒園品質的二個重要層面（Cryer,

---

[2]　家長滿意度調查分爲生活適應表現、學習表現、人際互動表現三個層面；生活教育表現滿意度包括生活適應表現與人際互動表現二個層面；學習表現是經正常化教學後在學習上的表現。

Tietze, & Wessels 2002）。結構品質包含師生比、班級的幼兒人數、教師教育程度、教師專業訓練、以及薪資福利等；過程品質則包括教學活動、教學內容，以及照顧者與幼兒的互動品質等（Jones-Branch, Torquati, Raikes, & Edwards, 2004; Phillips, Mekos, Scarr, McCartney, & Abbott-Shim, 2000）。專案團隊於100學年至103學年同時調查家長對幼兒園環境品質（結構品質）以及教保品質（過程品質）的滿意度，發現家長對環境品質之滿意度介於93.2%至98.6%之間；對教保品質的滿意度介於93.2%至99.7%之間，如表6-4。

訪談結果顯示家長大多肯定幼兒園教育與照顧的品質，包括認同老師的教育理念，如【老師很有原則，很有魅力，其實他吸引我，是因為他的質，其實他的教育理念非常好。雖然我的老大已經小五，有關教育的事，我還是會打電話問老師，老師的理念是我可以認同的……】；讓幼兒實作並快樂活潑學習，如【老師會讓小朋友在學習中快樂，然後也是在快樂中成長，老師教學很活潑，就好比包粽子、搓湯圓，這裡都有實際上的操作】；肯定幼兒入學後在不同能力上的表現，提升生活自理能力，如【孩子入園之後的行為改變上面就是學習到很多東西啊，像是自己起床、穿衣服、盥洗啊，他自己都可以】；情緒表現穩定，如【小孩變比較活潑，以前不會表達自己的情緒，若是遇到挫折，他只會默默掉淚，不會表達，而且專注力不好，但現在很會表達，也很會分享】；學習表現進步，如【閱讀很重要，這個部分，園所就推的很好，我有個女兒已小二，比較有創造力和想像力，所以在閱讀的能力也增強很多，相對的在數學方面，像應用題的認識，她就比較看的懂……】（張孝筠、孫良誠，2012）。

由上述資料可知，「免學費計畫」自99學年推動至今，所訂定三大項七小項評估指標，大多數皆能達成預期的評估基準值，也確實提供滿5足歲至入國民小學前幼兒更多的就學機會，已逐步實踐教育

機會均等以及教育公平的理念。對於提高教保服務人員具專科以上學歷比率、提撥經費補助教保服務人員進修專科以上學校幼教幼保科系等做法，對於建構優質之教保環境及確保幼兒受教品質有幫助，這些作為也符合教育品質中的結構品質層面，當教保服務人員素質提升後則有助提升教育的過程品質（Cryer, Tietze, & Wessels, 2002; Phillips, Mekos, Scarr, McCartney, & Abbott-Shim, 2000）。再從歷年家長對幼兒入學後學習表現的滿意度、對幼兒園環境與教保品質的滿意度，以及訪談內容等資料，顯示5歲幼兒家長對推動「免學費計畫」抱持高度肯定。

二、免學費計畫對家庭的影響

(一)減輕家庭經濟負擔

「免學費計畫」目標之一是要減輕家長經濟負擔。計畫內容中特別敘明：經濟弱勢幼兒比率偏高及新生家庭支應子女教育經費負擔沉重，實施5歲幼兒免學費教育政策將可減輕家長經濟負擔（教育部、內政部，2011）。100學年度全面實施「免學費計畫」，無論就讀公立或私立幼兒園的5歲幼兒均可獲得免學費的補助，另經濟弱勢幼兒亦可獲得加額補助。由專案團隊的研究調查報告顯示，100學年至103學年有九成以上的家長表示「免學費計畫」能減輕養育子女的經濟負擔，如表6-5。

表6-5　歷年家長對於「免學費計畫」能減輕負擔之百分比

	100學年	101學年	102學年	103學年
減輕養育子女的經濟負擔	97.4%	90.8%	95.8%	94.7%

資料來源：張孝筠、孫良誠（2012，2013，2014a，2015）。

　　另外，專案團隊邀請家長進行訪談，多數家長認為實施「免學費計畫」可減輕經濟負擔，如【年輕夫妻組織一個家庭，想要有自己的房子，要繳房貸，有了孩子，要去找保母，要負擔養育的費用，經濟支出最高的時候，政府這個補助是很好啦，但只有一點點】；又如【這個計畫對我的幫助是滿大的，像我是低收入戶，所以現在有補助的話，對我的經濟壓力當然是比較減輕，在工作方面也比較安心】（張孝筠、孫良誠，2012）。

　　本研究訪談教保服務人員及行政人員，其與家長接觸過程中發現「免學費計畫」降低家長經濟負擔，是提升幼兒入園率的主因，尤其對經濟弱勢幼兒的加額補助，更影響了幼兒的入園率。訪談內容如下：

　　　5歲免學費教育政策，在偏鄉地區確實提高大班幼兒就讀率，最主要是因為減輕（免）家長負擔，因此提高家長將孩子送入幼兒園的意願。

　　　就我們私立幼兒園來說，我們的家長因為擠不進去公立學校，而就讀私立幼兒園，在學費增加的情形之下，家庭的負擔也增加，但是政府的政策實施後，有5歲免學費加上弱勢加額補助款，我們的家長能補助費用共有3萬元，減少5、6個月的月費支出，可以減少家庭的支出負擔。

　　　有補助對家長來說一定能減少一些負擔，曾接過的詢問電話不少，都是經濟較弱勢的家長，瞭解補助的內容後都表示能有這樣的協助，對他們其實真的是很重要，不會擔心學費而不敢送小孩到幼兒園上學。

　　由調查報告以及訪談資料顯示，「免學費計畫」提供5歲幼兒教

育經費補助以及經濟弱勢幼兒加額補助，確實能減輕家長養育與教育子女的經濟負擔，尤其對經濟弱勢家庭的感受更為強烈，也讓弱勢家庭幼兒有更多進入幼兒園接受教育與照顧的機會。

(二)家長的教育選擇權

幼兒教育並非義務教育不具強迫性，又「免學費計畫」補助幼兒就學的學費，是否讓家長有更多為孩子選擇適合幼兒園情形呢？彙整訪談內容發現「免學費計畫」補助僅影響少數家長的教育選擇權，因大多數幼兒在5歲以前已經進入幼兒園，為了減少孩子適應的問題，大多數家長選擇讓幼兒在已就讀的幼兒園繼續就學。但居住在偏遠地區的小部分家長會考慮讓幼兒轉換幼兒園，其原因是希望讓幼兒能學到更多的知識與技能。如【在平地有這樣的補助，我會讓孩子就讀私立幼稚園，因為大家都覺得不要讓小孩子輸在起跑點上，所以就會想說到私幼，會讓他學得比較多……】；又如【有機會在山下有可能轉到私立，因為在私立園所教學比較多元化，而且教師在教學部分比較不會那麼鬆散】（張孝筠、孫良誠，2012）。本研究訪談也發現部分家長會因為私立幼兒園費用較高，而將幼兒轉往公立幼兒園就讀。

> 私立幼兒園會有些流動，因學費和公立幼兒園有很大的落差，因此家長會想送幼兒去公幼上學，因而影響私立學校的流動率。

讓父母親選擇轉換幼兒園的原因有很多，包括教保服務人員的素質、學習環境的良窳、教學內容的多樣性與豐富性、學費的高低等，「免學費計畫」對幼兒園大班幼兒的流失率並沒有明顯的改變，受訪的教保服務人員反應：

167

目前的家長普遍有讓幼兒要讀幼兒園的概念，少數幾個因大班有補助，可以減輕家長經濟壓力，大概中班程度就將幼兒送來入學。

每位家長對幼兒園的需求不同，可能需要交通車或是需要長時間托育，就會依照他的需求尋找幼兒園。對某些有特別需要而經濟又可以負擔的家庭，是否有學費補助並不是這麼重要。

三、免學費計畫對教保服務的影響

發放「免學費計畫」補助款需要現場的教保服務人員協助許多行政工作，如建置請領清冊、說明補助款的請領方式與發放時間等，因此無論是直接或間接接觸，都讓教保服務人員與家長有許多機會接觸，此頻繁接觸的過程中，讓教保服務人員更瞭解家長的教養問題以及對幼兒的期望，透過親職教育提升家長與幼兒的互動品質，也可提供家長更多的協助與關懷。受訪的教保服務人員表示：

免學費補助及經濟弱勢幼兒加額補助申請，能夠使園方、教師與家長互動更頻繁，平日約每雙週至少1次，但辦理期間每週至少1-2次以上，也因此更認識家長的個人特質及背景資料，如此更能給予協助及關懷。

家長確實會因為本校協助申請補助，更能主動提出教養幼兒的困擾或壓力。一般而言，最常出現的教養問題有幼兒的行為與學習情況、選擇小學與上小學後的適應問題，以及親子相處的問題。

因申請補助而瞭解家長的經濟壓力，家長和孩子相處時，難免因孩子不聽話或吵鬧等生活瑣事，而一時氣憤，情緒控制不佳時，很容易造成孩子的傷害，所以老師會強化親子之間的正向關係，好言相勸，引導家長看到孩子天真可愛的一面。

「免學費計畫」讓教保服務人員更清楚瞭解幼兒的家庭背景、生活狀況，以及家長的期待，因此更能理解孩子的外顯行為與表現，進而調整教保模式與照顧內容，或將父母親的教養問題轉化為教學活動，這些回應與做法和Cryer、Tietze與Wessels（2002）以及Phillips等人（2000）提出的過程品質內涵相同。可見「免學費計畫」有助於讓幼兒園提供的教保服務與家庭的生活經驗結合，並提升教保服務的品質。

伍、結論與建議

一、結論

(一)免學費計畫達到預定目標，並超越評估指標之基準

「免學費計畫」目標有三：減輕家長經濟負擔，提高入園率；提供滿5足歲至入國民小學前幼兒充足的就學機會；建構優質之教保環境，確保幼兒所受教保品質。自計畫實施後，多數家長反應確實能減輕家庭養育與教育子女的經濟負擔，且不論是經濟弱勢幼兒或原住民幼兒的入園率都已達到95%以上；符合私立合作園所規範比率的幼兒園至103學年已高達99.93%；原住民地區國民小學附設幼兒園比率，由99學年的80.40%提高至103學年的84.15%；99學年至103學年補助

給任職於私立合作園所並繼續在職之高中職學歷教師、教保員或助理教保員部分費用以提升其學歷，共補助7,686人次，且至103學年止具有專科以上學歷的教保服務人員已達91%；而家長對5歲幼兒入學後的滿意度已達98%以上，絕大多數的評估值高出各學年度計畫評估的基準值。

(二)免學費計畫有助於提升教保品質並落實教育公平

教育機會均等向來是不同教育階段關注的教育理念，政府要確保教育公平性，必須提供相等的入學機會，以及提供相同品質的學習內容與學習過程。「免學費計畫」兼顧一般地區、偏鄉地區、經濟弱勢幼兒的就學機會，尤其對偏鄉地區增設國小附設幼兒園；對經濟弱勢幼兒提供加額補助，可促進教育機會均等。

「免學費計畫」的目標之一是建構優質的教保環境，以確保幼兒所受教保品質。基於此，設定參與合作園所的規範以保障幼兒就學的健康安全品質，並補助教保服務人員進修專科以上學校幼教（保）科系以提升其專業素養，這些都能提升幼兒園的結構品質。補助款發放的過程中，讓教保服務人員有更多機會瞭解幼兒的家庭狀況，並在教學活動中設計相關內容以促進幼兒發展，如此可提升幼兒接受教育與照顧的過程品質，這些作為有利於落實教育公平的理念。

(三)免學費計畫可促進親師互動，有利於家長扮演適切的親職角色，維護家庭和諧

發放「免學費計畫」補助款，讓教保服務人員有更多機會與家長接觸與互動，進而瞭解家長對幼兒的教育期望與家庭困擾，並在互信的基礎上提供家長教養子女的資訊，除了提升親子互動的技巧外，也提高與家人互動的溫馨感。

(四)免學費計畫對提升幼兒教保服務品質之堅持，深受肯定

教育部提供經費補助教保服務人員提升學歷至專科以上，以及採用合作園所的方式規範幼兒園的建築安全、教保服務人員資格、專業成長、教學活動，以及教保服務人員的福利保障，營造良好的教保環境，對於提升教保服務人員專業素養與教保服務品質的努力，獲得教保服務人員、教保團體，以及家長的高度肯定。

二、建議

(一)重新檢討與修訂評估指標，以全面性深化幼兒教保品質

「免學費計畫」讓許多弱勢家庭的幼兒有就學機會，也減輕家長教養子女的經濟負擔，不但反應政府照顧弱勢以及負擔養育幼兒的責任，也讓幼兒教育機會均等與教育公平的理想得以伸張及實踐。如此良善美意的政策除了應持續辦理外，也需要持續提升幼兒接受教育與照顧的品質。「免學費計畫」在教保服務人員素養、師生比、班級規模、教保服務人員薪資、家長與社區的參與、公共資源的挹注、督導幼兒園經營者等做了許多努力，這些多屬於結構品質的內涵，但對幼兒教育及照顧的過程品質仍有改進空間，如教保服務人員與幼兒互動的品質、對幼兒生活照顧的品質、學習活動的品質等。雖然問卷調查顯示家長對幼兒園的環境品質與教保品質滿意度甚高，但終究家長並非專業人員，對幼兒園的教保品質僅為一般性判斷，參考價值有限。故建議研擬「免學費計畫」新的評估指標，並檢視幼兒園的過程品質以全面深化幼兒接受教育與照顧服務的品質。另外，許多評估指標所觀察到的成效值已高出基準值甚多，因此有必要重新訂定評估指標的基準值。

(二)建置政策溝通平臺，廣納意見作為修正公共政策的參考

推動公共政策需得到利害關係人的認同，且執行過程亦需有利害關係人的監督，如此政策的執行方能平穩並達成政策的目標。建置政策溝通平臺有利於將政策重點與利害關係人溝通，並聽取利害關係人的想法和心聲，作為擬定政策時的參考，也有助於利害關係人彼此之間的合作。

172

（本文改寫自教育部國民及學前教育署委託楊金寶、孫良誠研究之「5歲幼兒免學費教育計畫成效評估研究案」結案報告。）

參 考 文 獻

中文文獻

丁一顧、張德銳（2006）。臨床視導對國小實習教師教學效能影響之研究。**師大學報，51**（2），219-236。

丁惠民（譯）（2006）。P. S. Pande, R. P. Neuman, & R. R. Cavanagh 著。**六標準差設計簡單講**（*What is Design for Six Sigma?*）。臺北市：美商麥格羅・希爾臺灣分公司。

王文科、王智弘（2009）。**教育研究法（增訂第十三版）**。臺北市：五南。

王元仁、李分明、張永富（2004）。學校行政主管衝突管理與情緒智慧關係之探討：以遠東技術學院爲例。**學校行政，34**，70-84。

王彥喬（2014）。**別再撒錢了！臺灣偏鄉教育的問題在「人」**。2014年11月14日，取自http://case.ntu.edu.tw/CASEDU/?p=8123

王皓平（2009）。析論適宜之政府施政效能評估。**國政論壇**，財團法人國家政策研究基金會。2015年5月12日，取自http://www.npf.org.tw/post/1/6746

王淑英、何慧卿（2004）。Head Start美國學前啓蒙教育。載於臺北市立教育大學舉辦之「**2004年幼兒教育改革研究**」學術研討會論文集（頁48-53），臺北市。

王順民（2011）。**關於社會福利政策綱領研修的時代意涵**。2015年7月17日，取自http://m.sunnyswa.org.tw/index.php/timenews/view/228

內政部、教育部幼托政策整合推動委員會（2003）。**幼托整合政策規劃結論報告**。2014年2月23日，取自http://www1.nttu.edu.tw/shufang/%AA%FE%A5%F3/%A5%AE%B1%D0%B7s%AAk%AE%D792.3web.htm

內政部統計處（2014）。**性別統計專區之內政性別統計分析專輯（102**

年）。2015年7月12日，取自http://www.moi.gov.tw/stat/gender.
aspx

內政部統計處（2015）。**內政統計月報：1-2現住人口出生、死亡、結婚、離婚登記**。2015年7月12日，取自http://sowf.moi.gov.tw/stat/month/list.htm

內政部戶政司（2015a）。**歷年全國人口統計資料：C結婚及離婚—13有偶人口離婚率按年齡**。2015年7月12日，取自http://www.ris.gov.tw/zh_TW/346

內政部戶政司（2015b）。**歷年全國人口統計資料：C結婚及離婚—03結婚人數按原屬國籍**。2015年7月12日，取自http://www.ris.gov.tw/zh_TW/346

中國教育部（2012）。**3-6歲兒童學習與發展指南**。2014年9月21日，取自http://www.edu.cn/xue_qian_news_197/20121019/t20121019_858538.shtml

北市教保人員協會（2004，7月）。**美國波士頓幼兒啟蒙教育計畫之家長與社區參與之演講摘要**。2007年11月15日，取自http://tatep.women-web.org.tw/OrgNews_Show.asp?OrgNews_ID=77

民主進步黨中央黨部婦女部（2008）。**托育政策說帖**。2015年1月12日，取自http://blog.yam.com/child952/article/9561363

立法院（2009）。**立法院第7屆第3會期教育及文化、社會福利及衛生環境委員會召開第1次聯席會議會議記錄**。

立法院（2010）。**立法院第7屆第5會期教育及文化、社會福利及衛生環境委員會召開第1次聯席會議會議記錄**。

立法院（2011）。**立法院第7屆第7會期教育及文化、社會福利及衛生環境委員會第2次聯席會議會議記錄**。

立法院國會圖書館（2015）。幼兒教育及照顧法：英國／德國／日本。2015年8月12日，取自http://npl.ly.gov.tw/do/www/billIntroductionContent?id=62

幼兒園及其分班基本設施設備標準（2012）。

幼兒教育及照顧法（2015）。

幼兒園教保服務實施準則（2015）。

幼兒園評鑑辦法（2015）。

田瑞華（2007，11月）。貧富差距：窮兒沒書桌，富兒2電腦。大紀
　　元，2015年8月22日，取自http://www.epochtimes.com/b5/7/11/15/
　　n1901822.htm

江金山、吳佩玲、蔣祥第、張廷政、詹福賜、張軒庭、溫坤禮
　　（1998）。灰色理論入門。新北市：高立。

行政院（2014）。行政院104年度施政方針。臺北市：作者。

行政院公報（2011）。私立幼托園所參與合作園所（含國幼班）作業原
　　則修正規定。17（41），教育文化篇。

行政院主計總處（2014）。家庭收支調查統計表調查報告：肆、家庭
　　收支調查統計表之第五表平均每戶家庭收支按家庭組織型態別分。
　　2015年7月17日，取自http://win.dgbas.gov.tw/fies/all.asp?year
　　=103

行政院教育改革審議委員會（1996）。教育改革總諮議報告書。臺北
　　市：作者。

行政院經濟建設委員會（2008）。主要先進國家早期兒童照顧與教育政
　　策的發展趨向。就業市場情勢月報，4，17-19。

行政院經濟建設委員會（2012）。中華民國2012年至2060年人口推計
　　（（101）024.804）。臺北市：作者。

李允傑、丘昌泰（2009）。政策執行與評估。臺北市：元照。

李正忠、李妍蓉（2012）。應用灰關聯分析法評估環境教育教學服務品
　　質屬性之重要程度。工程科技與教育學刊，9（3），255-266。

李眞文（2015）。偏鄉地區代理代課教師的問題與建議。臺灣教育評論
　　月刊，4（6），69-73。

李建興、盧美貴、謝美慧、孫良誠（2009）。五歲幼兒免費入學政策一
　　年可行模式及其因應策略分析研究報告。教育部委託研究報告（98-
　　006898）。臺北市：財團法人國家政策研究基金會。

李麗秋（2008）。「幼托整合」政策之人力規劃對公立托兒所臨時助理保育員之衝擊與因應措施──以宜蘭市立托兒所為例（未出版之碩士論文）。佛光大學社會學系研究所，宜蘭縣。

吳文侃、楊漢清（主編）（2000）。**比較教育學**。臺北市：五南。

吳定（2005）。**公共政策辭典**（三版）。臺北市：五南。

余作輝、蔣偉民（2008）。**新竹市幼托整合實施成效評鑑之研究**。新竹市政府委託專案研究計畫。新竹市：新竹教育大學。

吳明清（1997）。大學教育學程及其評鑑。載於陳漢強（主編），**大學評鑑**（頁27-368）。臺北市：五南。

吳政達、郭昭佑（1998）。灰色關聯分析法在教育政策執行成效評估之應用──以臺北縣八十五學年度國民中學執行「輔導工作六年計畫」為例。**教育政策論壇創刊號，1**（1），64-85。

吳政達（2008）。**教育政策分析：概念、方法與應用**（第二版）。臺北市：高等教育。

吳清山（1990）。臨床視導在教育實習上的應用。載於中華民國師範教育學會（主編），**師範教育政策與問題**（頁185-200）。臺北市：師大書苑。

吳清山、林天佑（1994）。全面品質管理及其在教育上的應用。**初等教育學刊，3**，1-28。

吳清山、黃旭鈞（1995）。提升教育品質的一股新動力：談全面品質管理及其在教育上的應用。**教育資料與研究，2**，74-83。

吳清山、林天佑（2001）。焦點團體法。**教育研究月刊，92**，128。

吳清山（2004）。**學校行政研究**。臺北市：高等。

吳清山、林天佑（2004）。幼兒潛能開發。**教育研究月刊，123**，152。

吳清山、林天佑（2007）。同儕視導。**教育資料與研究，76**，189-190。

吳清山、林天佑（2008）。教育本質。**教育資料與研究，82**，193-194。

吳清基（2006）。優質學校2006。載於吳清基（主編），**優質學校2006-行政篇**（頁6-13）。臺北市：北市教師研習中心。

吳清基、吳武典、周淑卿、李大偉、黃乃熒、高新建、林育瑋、黃譯瑩

（2007）。各師資類科教師專業標準之研究。載於中華民國師範教育學會（主編），**教師評鑑與專業成長**（頁200-236）。臺北市：心理。

吳培源（2005）。**教學視導：觀念、知能與實務**。臺北市：心理。

吳漢雄、鄧聚龍、溫坤禮（1996）。灰色分析入門。臺北市：高立。

吳靜宜（2007）。**組建NCLB（帶好每個孩子）機制，培養全球化下的關鍵能力**。2013年4月5日，取自http://www.edu-2.org/edu2/modules/article/sel.php?aid=215

何文純（2010）。先進國家教育改革之探究──以美國Obama教育計畫與日本教育振興基本計畫為例。**網路社會學通訊期刊，89**，20。

何瑞薇（譯）（2002）。**全面品質教育**。臺北市：高等。

林士彥（2004a）。應用灰關聯分析評價資訊服務業的企業聲望。*Journal of Information, Technology and Society, 2004*(2), 371-388。

林士彥（2004b）。應用灰關聯分析評價觀光旅館業聲望。**生物與休閒事業研究，1**（1），139-154。

林士彥、鄭健雄（2005）。生態旅遊地點選取之灰關聯分析評估。**旅遊管理研究，4**（2），177-194。

林士彥、黃宗成（2005）。應用灰關聯分析軟體業聲望評價之研究。**管理科學研究，2**（1），17-33。

林水波（2006）。政策評估。載於林水波、張世賢（合著），公共政策（頁291-335）。臺北市：五南。

林天祐（1997）。學校經營與教育品質。**教育資料與研究，19**，28-32。

林天祐（2012）。偏鄉學校的師資課題。**臺灣教育評論月刊，1**（3），25-26。

林佩蓉、張斯寧（2012）。**幼兒園課程與教學品質評估表**。教育部國教司委託專案報告。臺北市：臺北市立教育大學幼兒教育系。

林春妙、楊淑朱（2005）。幼兒教師專業知能之研究。**兒童與教育研究，1**，55-84。

林昭慧（無日期）。**波士頓學前啟蒙教育計畫簡介**。2007年3月1日，取

自http://www.baby-mother.com/b/bb/bbb/bbb_00102501/lower.php3

林清山（1992）。**心理與教育統計學**。臺北市：東華。

林新發（1998）。從學校經營的觀點談如何促進教育品質的提昇。**中等教育，49**（4），3-6。

林萬益（2002）。我國的家庭變遷與家庭政策。**臺大社工學刊，6**，35-88。

林鍾沂（2002）。**行政學**。臺北市：三民。

邱永和、戴肇洋、詹乾隆（2005）。**政府機關引進企業績效評估作法之研究**。行政院研究發展考核委員會專案研究報告（DEC-CON-093-001）。臺北市：財團法人臺灣綜合研究院。2015年8月12日，取自http://www.ndc.gov.tw/News_Content.aspx?n=E4F9C91CF6EA4EC4&sms=4506D295372B40FB&s=9D6B5D67331ADEF3

邱志鵬（2007）。臺灣幼托整合政策的概念、規劃歷程及未來展望。**研習資訊雙月刊，24**，3。

邱錦昌（2003）。**教育視導與學校效能**。臺北市：高等。

幸曼玲（2006年，10月）。**日本幼稚園教育要領與臺灣76年幼稚園課程標準的比較**。論文發表於臺北市立教育大學幼兒教育學系主辦之「日本幼稚園教育要領的發展經驗」研討會，臺北市。

免費幼稚園教育委員會（2015）。**兒童優先——給他們一個好的開始**。香港免費幼稚園教育委員會報告。2015年6月2日，取自http://www.edb.gov.hk/attachment/tc/edu-system/preprimary-kindergarten/kg-report/Free-kg-report-201505-Chi.pdf

侯永琪（2012）。國際化與高等教育品質保證機構之品質保證機制建立。**臺灣教育評論月刊，1**（8），28-29。

施宏彥（2005）。**各國幼兒教育之比較**。嘉南藥理科技大學專題研究計畫成果報告（CNTE93-01）。臺南縣：嘉南藥理科技大學師資培育中心。

香港立法會（2006）。提升幼兒教育素質，建立公平、正義、關愛的社會。立法會**CB(2)1684/05-06(04)號文件**，2012年11月25日，取

自http://www.legco.gov.hk/yr05-06/chinese/panels/ed/papers/ed-0410cb2-1684-4c.pdf

香港社會服務聯會（2005）。兒童發展先導計畫。**兒童及少年服務通訊**。2013年5月23日，取自http://www.hkcss.org.hk/cy/newsletter0502.htm#10

香港特別行政區政府教育統籌局（2007）。**教育局通告第1/2007號——學前教育新措施**。香港：作者。

香港特別行政區教育局（2009）。**學前教育新里程：背景和理念**。2015年8月22日，取自http://www.edb.gov.hk/tc/edu-system/preprimary-kindergarten/preprimary-voucher/background-and-concept.html

香港新聞公報（2011）。**學前教育學券計劃加強措施**。2015年8月22日，取自http://www.info.gov.hk/gia/general/201106/02/P201106020141.htm

孫良誠（2008）。**公辦民營幼兒園績效評估指標之建構**（未出版之博士論文）。國立臺北教育大學教育政策與管理研究所，臺北市。

孫良誠、盧美貴、張孝筠（2014）。我國幼兒教育公平實踐研究：以「扶持五歲幼兒教育計畫」爲例。**臺中教育大學學報，28**（2），93-116。

原住民族委員會（2014）。**原住民族簡介**。2015年8月27日，取自http://www.apc.gov.tw/portal/cateInfo.html?CID=8F19BF08AE220D65

涂信忠（2002）。多元化的家庭類型。載於林淑玲（校閱）**婚姻與家庭**（頁299-319）。嘉義市：濤石文化。

袁振國（2010）。**教育政策學**。臺北市：高等。

徐詠絮（2009，9月30日）。**吳清基——5歲免費入學等13項工作優先推動**。國立教育廣播電臺。2009年9月30日，取自http://tw.rd.yahoo.com/referurl/news/logo/ner/SIG=10o5cdlf9/*http://www.ner.gov.tw/

桂楚華、林清河（2008）。**全面品質管理與六標準差**。臺北市：華泰。

夏曉鵑（1997）。女性身體的貿易：臺灣／印尼新娘貿易的階級、族群關係與性別分析。**騷動，4**，10-21。

馬蕭社會福利政策（無日期）。**遠離貧窮、投資未來、健康心靈、祥和社會**。2014年10月25日，取自http://www.npf.org.tw/11/4126

翁麗芳（2006）。日本教育改革。**教育資料集刊——教育變革與發展，32**，41-60。

翁麗芳（2010）。日本的幼兒教育‧托育及其人才的培育。**幼兒教保研究期刊，5**，65-71。

翁麗芳（2011）。日本學前與初等教育現況。**教育資料集刊——各國初等教育，49**，105-122。

陳一進（2004）。排球得分方式與比賽成績應用灰關聯分析之探討。**大專體育，70**，149-154。

陳木金、邱馨儀（2007）。推動優質學校行政管理保障教育品質。**教育行政雙月刊，50**，87-102。

陳玉芳（2007）。**幼托園所人員對幼托整合政策覺知之研究——生態系統理論之分析觀點**（未出版之碩士論文）。國立嘉義大學教育行政與政策發展研究所，嘉義縣。

陳芃婷、李宗耀、虞孝成、曾國雄（2003）。大學教師績效評鑑模型之應用及探討——以一所大學為例。**教育研究集刊，49**（4），191-218。

陳啟榮（2006）。裁併小班小校教育議題之分析。**臺灣教育，638**，38-41。

陳健彬（2003）。**國民小學各學科評量與多元能力的灰關聯分析及數學學業的預測**（未出版之碩士論文）。國立臺北師範學院數理教育研究所，臺北市。

陳淑琴（2007）。芬蘭學前教育初探。**幼兒教育年刊，18**，60-81。

陳淑芳（2013）。**幼兒園教師專業標準之規劃及師資培育之大學因應之道**。2015年2月20日，取自http://www.ncyu.edu.tw/files/list/ct-edu/102年幼教標1127列印版（整理ok1120）.ppt

陳雅鈴、高武銓（2011）。屏東縣中低收入戶幼兒就讀之幼托園所其結構品質與過程品質關係之探討。**教育心理學報，42**（3），401-

402。

陳麗欣、翁福元、許維素、林志忠（2000a）。我國隔代教養家庭現況之分析（上）。**成人教育通訊，2**，37-40。

陳麗欣、翁福元、許維素、林志忠（2000b）。我國隔代教養家庭現況之分析（下）。**成人教育通訊，4**，51-66。

許士軍（2003）。走向創新時代的組織績效評估。載於高翠霜（譯），**績效評估**。臺北市：天下遠見。

許禎元（2003）。內容分析法的研究步驟與在政治學領域的應用。**師大政治論叢創刊號**，1-29。

許馨瑩（2009）。國民小學教學視導模式、運作機制與視導功能之研究。**教育實踐與研究，22**（1），41-80。

教育部（1995）。**中華民國教育報告書：邁向二十一世紀的教育遠景**。臺北市：作者。

教育部（2001）。**公私立幼稚園評鑑及獎勵實施計畫**。臺北市：作者。

教育部（2003）。**幼托整合政策規劃專案報告附件：幼托整合推動委員會會議紀錄**。2014年10月25日，取自http://www3.nccu.edu.tw/~mujinc/teaching/9-107childhood/7-2-1.doc

教育部（2005a）。**扶持5歲弱勢幼兒及早教育計畫**。臺北市：作者。

教育部（2005b）。「教育部補助辦理公私立幼稚園輔導計畫」作業手冊。臺北市：作者。

教育部（2008）。**扶持5歲幼兒教育計畫**。臺北市：作者。

教育部（2009）。**幼托整合進度報告：兒童教育及照顧法草案**。2014年11月15日，取自http://jiading.topschool.com.tw/SC200905188RU3/SY20101011095424-2961.pdf

教育部、內政部（2010）。**5歲幼兒免學費教育計畫**。臺北市：作者。

教育部、內政部（2011）。**5歲幼兒免學費教育計畫**。臺北市：作者。

教育部國教司（2011）。學前教保體制新時代的開端「幼兒教育及照顧法」在立法院完成三讀程序。**教育部電子報**，100年6月10日。2011年8月20日，取自http://epaper.edu.tw/news.aspx?news_sn=4260

教育部（2011a）。**中華民國教育報告書——黃金十年百年樹人**。臺北市：作者。

教育部（2011b）。**幼托整合——幼兒教育及照顧法**。2015年4月3日，取自http://www.ccut.edu.tw/adminSection/ecce/downloads/10708.pdf

教育部（2012a）。**中華民國師資培育白皮書——發揚師道、百年樹人**。臺北市：作者。

教育部（2012b）。**教育部補助辦理公私立幼稚園輔導計畫**（中華民國101年1月3日教育部臺國（三）字第1000233516號函修正發布）。臺北市：作者。

教育部（2013a）。**幼兒園教保活動課程暫行大綱**。臺北市：作者。

教育部（2013b）。**教育部國民及學前教育署修正補助推動提升私立幼兒園（含國幼班）教保服務人員專業素質作業要點**。2015年6月20日，取自http://edu.law.moe.gov.tw/NewsContent.aspx?id=2458

教育部（2013c）。**中華民國師資培育白皮書**。臺北市：作者。

教育部、行政院原住民族委員會（2013）。**原住民族教育政策白皮書**（102年修正版本）。臺北市：作者。

教育部（2014a）。**優質教保發展計畫**。臺北市：作者。

教育部（2014b）。**幼托整合執行情形報告**。2015年4月3日，取自http://www.ey.gov.tw/Upload/RelFile/26/716422/03簡報_幼托整合執行情形報告103_0403（0401再修）ok.pdf

教育部（2014c）。**幼兒園輔導計畫**。臺北市：作者。

教育部國民教育與學前教育署（2014）。**全國教保資訊網**。教育部國民教育與學前教育署提供資料。

教育部國民教育與學前教育署（2015）。**全國幼兒園幼生管理系統**。教育部國民教育與學前教育署提供資料。

張孝筠、陽琪（2010）。**98學年度國民教育幼兒班教學訪視及輔導工作暨成效評估**。教育部委託專案報告。花蓮縣：國立東華大學。

張孝筠、孫良誠（2011）。**99學年度國民教育幼兒班教學訪視及巡迴輔導工作暨「5歲幼兒免學費教育計畫」成效評估**。教育部委託專案報

告。臺北市：國立臺北護理健康大學。

張孝筠、孫良誠（2012）。**100學年國民教育幼兒班教學訪視及巡迴輔導工作暨「5歲幼兒免學費教育計畫」成效評估**。教育部國民及學前教育署委託專案報告。臺北市：國立臺北護理健康大學。

張孝筠、孫良誠（2013）。**101學年國民教育幼兒班教學訪視及巡迴輔導工作暨「5歲幼兒免學費教育計畫」成效評估**。教育部國民及學前教育署委託專案報告。臺北市：國立臺北護理健康大學。

張孝筠、孫良誠（2014a）。**102學年國民教育幼兒班教學訪視及巡迴輔導工作暨「5歲幼兒免學費教育計畫」成效評估**。教育部國民及學前教育署委託專案報告。臺北市：國立臺北護理健康大學。

張孝筠、孫良誠（主編）（2014b）。**103學年度國民教育幼兒班教保訪視及巡迴輔導工作小組——教保輔導手冊**。臺北市：國民教育幼兒班教學訪視及巡迴輔導工作小組彙編。

張孝筠、孫良誠（主編）（2014c）。**103學年度國民教育幼兒班教保訪視及巡迴輔導工作小組——工作手冊**。臺北市：國民教育幼兒班教學訪視及巡迴輔導工作小組彙編。

張孝筠、孫良誠（2015）。**103學年國民教育幼兒班教學訪視及巡迴輔導工作暨「5歲幼兒免學費教育計畫」成效評估**。教育部國民及學前教育署委託專案報告。臺北市：國立臺北護理健康大學。

張芳全（2001）。**教育政策導論**。臺北市：五南。

張芳全（2003）。影響開發中國家教育品質因素分析：國際觀點。**國立臺北師範學院學報，16**（2），187-224。

張明輝（2002）。**學校經營與管理研究：前瞻、整合、學習與革新**。臺北市：學富。

張明輝（2004）。精緻學校經營的管理與策略。載於張明輝（主編），**教育政策與教育革新**（頁341-369）。臺北市：心理。

張保隆、周瑛琪（2006）。**人力資源管理**。臺北市：全華。

張家宜（2002）。**高等教育行政全面品質管理：理論與實務**。臺北市：高等。

張盈堃、倪鳴香（2012）。幼托整合政策建言。載於國立政治大學幼兒教育研究所主辦之「**100學年度幼教政策論壇：幼托整合政策的檢視與展望**」學術研討會會議手冊（頁95-96），臺北市。

張書婷（2010）。公立幼稚園教師對幼托整合政策意見之研究 —— 以苗栗縣為例（未出版之碩士論文）。玄奘大學公共事務管理學系，新竹市。

張清濱（2002）。同儕視導。**菁莪季刊，14**（2），2-10。

張淑卿（2001）。**多屬性決策方法之模擬分析比較**（未出版之碩士論文）。銘傳大學管理科學研究所，臺北市。

張偉哲、溫坤禮、張廷政（2000）。**灰關聯模型方法與應用**。臺北市：高立。

張翔一、吳挺鋒、熊毅晰（2014）。貧富差距創新高全球拚稅改：1%比99%的戰爭。天下雜誌，**549**，71-80。

傅和彥、黃士滔（2004）。**品質管理：觀念、理念與方法**。新北市：前程企業。

曹能秀（2015）。近十年來日本幼兒教育改革政策：演進及特色。2015年5月3日，取自http://www.crn.net.cn/tw/research/20150106 7657260.html

勞動部（2015）。人力資源狀況 —— **勞動力參與率**。2015年8月17日，取自http://statdb.mol.gov.tw/statis/jspProxy.aspx?sys=100&kind=10& type=1&funid=q0203&rdm=eaikmplk

黃承傳、戴輝煌（2008）。兩岸三地主要樞紐港口相對競爭力之分析。**運輸學刊，20**（1），1-38。

黃昆輝、楊國賜（1998）。我國跨世紀的教育改革。載於林玉体（主編），**跨世紀的教育演變**（頁85-110）。臺北市：文景。

黃國彥（2000）。文件分析法。**教育大辭書**。2015年6月15日，取自http://terms.naer.edu.tw/detail/1303274/

黃惠娟、楊少強（2004）。隔代兒與單親兒趨勢調查。**商業周刊，862**，112-141。

黃嘉莉（2002）。「專業」蘊義之理論分析。今日教育，**68**，32-43。

黃嘉莉（2003）。**教師專業及其制度化之歷史發展**（未出版之博士論文）。國立臺灣師範大學教育學系，臺北市。

黃嘉莉（2006）。「教師專業」的另一種理念。**北縣教育，56**，19-24。

程祺（2006）。**幼托整合政策對私人業者、私立托教人員及家長之衝擊與因應**（未出版之碩士論文）。銘傳大學教育研究所碩士在職專班，臺北市。

程晏鈴（2015，8月）。暑假掰掰──全臺275所小學也快掰掰了。天下**雜誌**。2015年9月22日，取自http://www.cw.com.tw/article/article.action?id=5070399

曾憲政、張新仁、張德銳、許玉齡、馮莉雅、陳順和、柯汝穎（2007）。**規劃高級中等以下學校教師專業發展評鑑規準之研究**。教育部委託專案計畫成果報告。新竹市：新竹教育大學。

楊日飛（2012）。幼兒教師專業化是學前教育發展的時代要求。**教育導刊：下半月，6**，69。

楊深坑、黃嘉莉、黃淑玲、楊洲松（2005）。從教師專業理論論各國教師專業管理機制。載於中華民國師範教育學會（主編），**教師的教育信念與專業標準**（頁55-87）。臺北市：心理。

楊朝祥（2014）。人口結構轉變中的教育發展。**國政評論**，財團法人國家政策研究基金會。2015年8月25，取自http://www.npf.org.tw/1/13353

楊瑩、薛雅寧（2008）。南非高等教育品質保證制度。**高等教育，3**（1），33-80。

楊錦洲（2005）。6個希格瑪的難題。**管理雜誌，378**，128-131。

董旭英、黃儀娟（譯）（2000）。D. W. Steward, & M. A. Kamins著。**次級資料研究法**（*Secondary Research*）。臺北市：弘智。

葉郁菁（2006）。從英國「安穩起步」（Sure Start）計畫談外籍配偶子女的語言發展與輔導。**教育資料與研究，69**，285-292。

劉仲成（2005）。**教育政策與管理**。高雄市：復文。

劉金鳳、林文晟、蘇育玲、劉中平（2004）。以灰關聯分析評估我國不定期航運上市公司經營績效。**航運季刊，13**（4），11-19。

劉思峰、黨耀國、方志耕、謝乃明（2010）。**灰色系統理論及其應用第五版**。北京：科學出版社。

劉興振（2010）。**新竹市實施公立幼托機構整合歷程之研究**（未出版之碩士論文）。國立新竹教育大學教育學系教育行政在職進修專班，新竹市。

劉豫鳳（2013）。芬蘭幼兒教保現況：教育均等理念之實踐。**教育資料集刊，57**，101-126。

輝進宇、褚遠輝（2012）。《專業標準》體現了學前教育發展的時代新要求。**教育導刊**（下半月），**6**，72。

蔡勇美、廖培珊、林南（2007）。**社會學研究方法**。臺北市：唐山。

蔡春美、張翠娥、陳素珍（2000）。**幼教機構行政管理——幼稚園與托兒所實務**。臺北市：心理。

蔡春美（2013）。幼兒園與家庭、社區：外系統與微系統的互動。載於蔡春美、張翠娥、陳素珍（合著），**幼兒教育體系與運作：幼兒教保行政管理與實務**（頁403-454）。臺北市：心理。

鄭春生（2010）。**品質管理：現代化觀念與實務應用**。新北市：全華圖書。

鄭勝耀（2004）。美國No Child Left Behind教育改革及對我國五歲弱勢幼兒及早教育計畫的啟示。載於臺北市立教育大學舉辦之「*2004年幼兒教育改革研究*」學術研討會論文集（頁43-47），臺北市。

鄭瀛川（2006）。**績效管理練兵術**。臺北市：汎果文化。

鄭讚源、王士峰（2004）。**非營利組織認證指標之研究**。行政院青年輔導委員會委託。嘉義縣：國立中正大學。

鄧聚龍、郭洪（1996）。**灰預測原理與應用**。臺北市：全華。

潘慧玲（1999）。學校效能研究領域的發展。**教育研究集刊，43**，77-102。

潘慧玲（2003）。緒論：轉變中的教育研究觀點。載於潘慧玲（主

編），教育研究的取徑：概念與應用（頁1-34）。臺北市：高等。

潘慧玲、王麗雲、簡茂發、孫志麟、張素貞、張錫勳、陳順和、陳淑敏、蔡濱如（2004）。國民中小學教師教學專業能力指標之發展。教育研究資訊，**12**（4），129-168。

潘慧玲（2014）。探思教師專業標準之發展與運用。教育研究月刊，**243**，5-19。

駐美國代表處教育組（2014，12月）。美國編預算提升學齡前教育品質。教育部電子報，**646**期。2015年5月21日，取自http://epaper.edu.tw/windows.aspx?windows_sn=13288

駐德國代表處教育組（2007，11月）。扶助弱勢家庭兒童德國加強學前教育。教育部電子報，**283**期。2013年5月17日，取自http://epaper.edu.tw/old/epaper.aspx?period_num=283

霍力岩（2002）。**比較幼兒教育**。臺北市：五南。

盧美貴、謝美慧（2002）。**幼兒教育券：理論與實踐**。臺北市：師大書苑。

盧美貴（2012）。**幼兒教育概論**。臺北市：五南。

盧美貴（2014）。**幼兒教保概論**。臺北市：五南。

戴文青、孫良誠（2014）。幼托整合了嗎?**臺灣教育評論月刊，3**（10），25-31。

簡楚瑛（2003）。**幼兒教育與保育之行政與政策（歐美澳篇）**。臺北市：心理。

簡楚瑛（2006）。從教育／幼教品質之定義看其對幼稚園評鑑制度之啓示。**基礎教育學報，15**（1），37-53。

蕭芳華、連寶靜（2010）。提供整合性幼托服務政策之國際趨勢——以加拿大爲例。**教育資料集刊，45**，271-294。

瞿海源（主編）（2007）。**調查研究方法**。臺北市：三民。

顏國樑（1997）。**教育政策執行及其相關因素之研究**（未出版之博士論文）。國立臺灣師範大學教育研究所，臺北市。

顏榮祥、張子明（2002）。整合灰關聯分析與層級分析法在供應商評選

之應用研究。**運籌研究集刊**，**1**，15-42。

魏惠貞（2008）。**各國幼兒教育**。臺北市：心理。

龐麗娟、夏婧、張霞（2010）。世界主要國家和地區學前教育免費政策：特點與啓示。**比較教育研究**，**10**，1-5。

西文文獻

Association for Childhood Education International (2011). *ACEI global guidelines assessment (Third Edition): An early childhood care and education program assessment*. Retrieved April 3, 2015, from http://www.acei.org/programs-events/global-guidelines.html

Austin, G. R. (1976). *Early childhood education: An international perspective*. NY: Academic Press.

Australian Institute for Teaching and School Leadership (2011). *National Professional Standards for Teachers*. Australian.

Bacon, J., & Brink, S. (2003). Understanding the early years: Research results for five pilot communities. *Education Canada, 43*(1), 16-39.

Beach, D. M., & Reinhartz, J. (2000). *Supervisory leadership: Focus on instruction*. Boston, MA: Allyn & Bacon .

Canada Revenue Agency (2015). *Universal child care benefit (UCCB)*. Retrieved July 30, 2015, from http://www.cra-arc.gc.ca/bnfts/uccb-puge/menu-eng.html

Chetty, R., Friedman, J. N., Hilger, N., Saez, E., Schanzenbach, D. W., & Yagan, D. (2011). How does your kindergarten classroom affect your earnings? Evidence from project star. *The Quarterly Journal of Economics, 126*(4), 1593-1660.

Child care Act 2006 (2006). Retrieved August 13, 2015, from http://www.legislation.gov.uk/ukpga/2006/21/pdfs/ukpga_20060021_en.pdf

Cryer, D., Tietze, W., & Wessels, H. (2002). Parents' perceptions of their children's child care: Across-national comparison. *Early Childhood Research Quarterly, 17*(2), 259-277.

Council of Chief State School Officers (2011). *InTASC Model Core Teaching Standards: A Resource for State Dialogue*. Washington, DC: Author.

Department for Education (2011). *First Report of the Independent Review of Teachers' Standards*. London: DfE.

Department of Local Government and Communities, Government of Western Australia (2009). *National quality standard for early childhood education and care and school age care*. Canberra, Australia: Author.

Donaldson, G. (2013). The Twenty-First Century Professional. In V. V. Vidović & Z. Velkovski (eds.), *Teaching profession for the 21st century* (pp.13-23). Belgrade: Centre for Education Policy.

Dunn, W. N. (2008). *Public policy analysis: An introduction* (4th Ed.). New Jersey: Pearson Prentice Hall.

Employment and Social Development Canada (2015). *Early Childhood: Understanding the Early Years*. Retrieved September 20, 2015, from http://www.edsc.gc.ca/eng/child_family/childhood/index.shtm

Foster, S. T. (2012). *Managing Quality: Integrating the Supply Chain* (5th Ed.). New Jersey: Prentice Hall.

Furubo, J., & Rist, R. (2002). *International atlas of evaluation*. New Brunswick, NJ: Transaction.

Garvin, D. A. (1988). *Managing Quality: The Strategic and Competitive Edge*. London: Collier Macmillan.

Glickman, C. D., Gordon, S. P., & Ross-Gordon, J. M. (2013). *Supervision and instructional leadership: A developmental approach* (9th ed.). Boston: Allyn and Bacon.

Haddad, L. (2002). An integrated approach to early childhood education and care. *Early Childhood and Family Policy Series*, no 3.

Hatry, H. P. (2002). Performance Measurement: Fashion and Fallacies. *Public Performance and Management Review, 25*(4), 352-258.

INQAAHE (2015). *About INQAAHE*. Retrieved August 13, 2015, form http://www.inqaahe.org/main/about-inqaahe

Jalongo, M. R., Fennimore, B. S., Pattnaik, J., Laverick, D. M., Brewster, J., & Mutuku, M. (2004). Blended perspectives: A global vision for high-quality early childhood education. *Early Childhood Education Journal, 32*(3), 143-155.

Jones-Branch, J. A., Torquati, J. C., Raikes, H., & Eadwards, C. P. (2004). Child care subsidy and quality. *Early Education and Development, 15*, 327-341.

Kaplan, R. S., & Norton, D. P. (2003). *Strategy Maps: Converting Intangible Assets Tangible Outcomes*. Boston, MA: Harvard Business School Press.

Mitchell, A. W. (2005). *Stair steps to quality: A guide for states and communities developing quality rating systems for early care and education*. Alexandria, VA: United Way of America.

National Association for the Education of Young Children (2005). Accreditation Update: Governing board approves new standards and criteria. *NAEYC Academy for Early Childhood Program Accreditation, 6*(2), 1-5.

National Board for Professional Teaching Standards (2002). *What Teachers Should Know and Be Able to Do*. Retrieved January 13, 2015, from http://www.nbpts.org/sites/default/files/what_teachers_should_know.pdf

National Center on Child Care Quality Improvement (2015). *Overview of the QRIS resource guide*. Washington, DC: Office of Child Care, Administration for Children and Families, U.S. Department of

Health and Human Services.

New Jersey Department of Education (2014). *New Jersey professional standards for teachers and school leaders: Foundations of effective practice*. Retrieved December 17, 2014, from http://www.state.nj.us/education/profdev/profstand/teacherstandardsoverview.pdf

No Child Left Behind Act (2002). Retrieved December 25, 2014, from http://www.ed.gov/nclb/landing.jhtml?src=pb#

Obama, B., & Biden, J. (2009). *Barack Obama and Joe Biden's plan for lifetime success through education*. Retrieved May 3, 2015, from http://blatantreality.com/wp-content/uploads/2009/05/prek-12education-factsheet.pdf

Obama, B. (2015). *Education Knowledge and Skills for the Jobs of the Future*. Retrieved May 3, 2015, from https://www.whitehouse.gov/issues/education

Office of Head Start (2015). *History of head start*. Retrieved January 11, 2015, from http://www.acf.hhs.gov/programs/ohs/about/history-of-head-start

Ohio Department of Education (2014). *Ohio Teacher Evaluation System*. Ohio: Author.

Organization for Economic Co-operation and Development (2006). *Starting strong II: Early childhood education and care*. Paris, France: Author.

Organization for Economic Co-operation and Development (2011). OECD Economic Surveys: Japan. Retrieved July 31, 2011, from http://www.oecd.org/fr/economie/etudeseconomiquesparpays/47651425.pdf

Organization for Economic Co-operation and Development (2012a). *Education at a glance 2012: OECD indicator*. Paris, France: Author.

Organization for Economic Co-operation and Development (2012b).

Starting strong III: A quality toolbox for early childhood education and care. Paris, France: Author.

Organization for Economic Co-operation and Development (2012c). *Equity and Quality in Education: Supporting Disadvantaged Students and Schools*. OECD Publishing.

Olmsted, P. P. (2002). Data collection and system monitoring in early childhood programs. *Early Childhood and Family Policy Series, 5,* 1-27.

Patton, M. Q. (2002). *Qualitative Research and Evaluation Methods* (3rd Ed.). California: Sage Publications.

Phillips, D., Mekos, D., Scarr, S., McCartney, K., & Abbott-Shim, M. (2000). Within and beyond the classroom door: Assessing quality in childcare centers. *Early Childhood Research Quarterly, 15,* 475-496.

Poister, T. H. (2003). *Measuring Performance in Public and Nonprofit Organizations*. Hoboken, NJ: John Wiley and Sons.

Rivkin, S. G., Hanushek, E. A., & Kain, J. F. (2005). Teachers, Schools, and Academic Achievement. *Econometrica, 73*(2), 417-458.

Rossi, P. H., Lipsey, M. W., & Freeman, H. E. (2004). *Evaluation: A Systematic Approach* (7th Ed.). California: Sage Publications.

Salisbury C. & Vincent L. (1990). Criterion of the next environment and best practices: Mainstreaming and integration 10 years later. *Topics in Early Childhood Special Education, 10,* 78-89.

Shafritz, J. M., & Borick C. P. (2008). *Introducing Public Policy*. New York: Pearson Longman.

Stewart, D.W., Shamdasani, P. N., & Rook, D.W. (2007). *Focus groups: Theory and practice, 2nd edition*. Thousand Oaks, CA: Sage.

Sure Start (n.d.). Retrieved January 2, 2007, http://www.surestart.gov.uk/

Tzeng, G. H., & Tsaur, S. H. (1994). The multiple criteria evaluation of grey relation model. *The Journal of Grey System, 6*(2), 87-108.

United Nations Children's Fund (2000). *Defining Quality in Education.* Paper presented by UNICEF at the meeting of The International Working Group on Education Florence, Italy.

United Nations Educational, Scientific and Cultural Organization (2002). *UNESCO policy briefs on early childhood.* Paris: The Author.

United Nations Educational, Scientific and Cultural Organization (2005). *Education for all global monitoring report 2005.* Paris: UNESCO.

United Nations Educational, Scientific and Cultural Organization (2006). *Strong foundations: Early childhood care and education.* Retrieved May 21, 2009, from http://www.unesco.org/en/efareport/reports/2007-early-childhood/

United Nations Educational, Scientific and Cultural Organization (2008). What *approaches to linking ECCE and primary education?* Retrieved March 8, 2009, from http://unesdoc.unesco.org/images/0017/001799/179934e.pdf

United Nations Educational, Scientific and Cultural Organization (2009). *Education for all global monitoring report 2009.* Paris: UNESCO.

U.S. Department of Education (2009). *Race to the top program executive summary.* Washington, D.C. https://www.google.com.tw/-q=Race+to+the+Top+Program+Executive+Summary

Working Group on Early Childhood Education and Care (2014). *Key principles of a quality framework.* European Commission. Retrieved July 22, 2015, from http://ec.europa.eu/education/policy/strategic-framework/archive/documents/ecec-quality-framework_en.pdf

您，按讚了沒？
趕緊加入我們的粉絲專頁喲！

教育人文＆影視新聞傳播～五南書香　等你來挖寶

── 【五南圖書 教育／傳播網】粉絲專頁提供── ──

- 書籍出版資訊（包括**五南**教科書、知識用書，**書泉**生活用書等）
- 不定時小驚喜（如贈書活動或書籍折扣等）
- 粉絲可詢問／訂購書籍或出版寫作、留言分享心情或資訊交流

【五南圖書 教育／傳播網】臉書粉絲專頁

網址：http://www.facebook.com/wunan.t8

請此處加入按讚

封面圖不定期會更換

■ 其他相關粉絲專頁

五南圖書 法律／政治／公共行政

五南財經異想世界

五南圖書中等教育編輯室

五南圖書 史哲／藝術／社會類

五南圖書 科學總部

台灣書房

富野由悠季《影像的原則》台灣版　10月上市！！

魔法青春旅程—4到9年級學生性教育的第一本書

 五南圖書出版股份有限公司 WU-NAN BOOK COMPANY LTD.

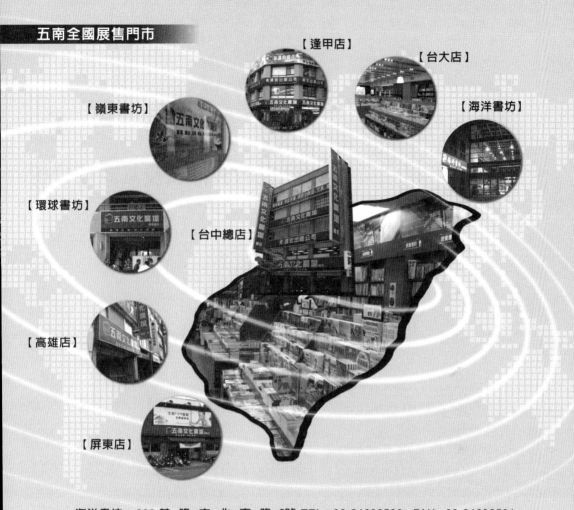

國家圖書館出版品預行編目資料

幼兒教育品質及其政策分析／孫良誠著. ─
初版. ─ 臺北市：五南, 2016.02
　　　面；　　公分.
ISBN 978-957-11-8468-5（平裝）

1.學前教育　2.教育政策

523.2　　　　　　　　　　104028985

1IJ9

幼兒教育品質及其政策分析

作　　者 ─ 孫良誠(176.5)

發 行 人 ─ 楊榮川

總 編 輯 ─ 王翠華

主　　編 ─ 陳念祖

責任編輯 ─ 李敏華

封面設計 ─ 陳翰陞

出 版 者 ─ 五南圖書出版股份有限公司

地　　址：106台北市大安區和平東路二段339號4樓

電　　話：(02)2705-5066　　傳　　真：(02)2706-6100

網　　址：http://www.wunan.com.tw

電子郵件：wunan@wunan.com.tw

劃撥帳號：01068953

戶　　名：五南圖書出版股份有限公司

法律顧問　林勝安律師事務所　林勝安律師

出版日期　2016年 2 月初版一刷

定　　價　新臺幣300元